Kurt Tepperwein

Der mentale Lebenskompass

AF206556

KURT TEPPERWEIN

Der mentale Lebenskompass

Nimm Kurs auf dein ideales Leben

Originalausgabe 2011
© 2011 Wilhelm Heyne Verlag, München,
in der Verlagsgruppe Random House GmbH

Sonderauflage 2018 © by IAW Anstalt, Vaduz
www.iadw.com

ISBN: 978-37460-8175-5

Die Deutsche Nationalbibliothek verzeichnet diese Publikation
in der Deutschen Nationalbibliografie; detaillierte bibliografische Daten
sind im Internet über www.dnb.de abrufbar.

Umschlaggestaltung: www.layART.li
Umschlagmotiv: ©fotolia.com/lassedesignen

Herstellung und Verlag: BoD – Books on Demand, Norderstedt
Made in Germany

Internationale Akademie der Wissenschaften (IAW) Anstalt, FL-9490 Vaduz
Tel. +423/233 12 12, Fax +423/233 12 14

Inhalt

Vorwort

Als ich so ungefähr zwanzig Jahre alt war, wurde mir bewusst, wie wenig ich doch vom Leben wusste. Diese Erkenntnis war sehr schmerzhaft für mich. Ich ahnte bereits, dass das Leben nur ein Spiel sein konnte, in dem man die Spielregeln kennen musste, um ein erfolgreiches und harmonisches Leben führen zu können. Ich hoffte immer wieder, dass ich jemandem begegnen würde, der mir die »Spielregeln des Lebens« erklären könnte. Dem war aber nicht so. Ich musste alles ganz allein herausfinden und für mich selbst entdecken. Im Nachhinein bin ich sehr dankbar für die Erfahrungen, die ich auf diesem Weg machte. Es sind schließlich die Erfahrungen, die das Leben erst wertvoll machen und spannend gestalten. Es hat viele Jahre gedauert, bis ich mich dem Leben stellen konnte, bis ich es erkennen und mich ihm öffnen konnte, und ich meine sagen zu können, dass die Entdeckungsreise noch lange nicht zu Ende ist.

Wie oft habe ich gedacht, wie schön es doch wäre, wenn ich mich jetzt in meiner Jugendzeit besuchen könnte, um mir all das zu sagen, was ich damals noch nicht wusste. Ja, ich hätte mir dadurch so manchen Umweg und manche Situation ersparen können. Doch heute weiß ich: Man kann weder die Zeit zurückdrehen, noch wäre es sinnvoll, dies zu tun. So schmerzhaft Erlebnisse auch sein können, sie sind eine wertvolle und dienliche Begleitung auf unserem Weg. Erst diese Prägungen lassen uns reifen. Daher weiß ich auch: Ich kann und will Ihnen Ihre Erfahrungen nicht abnehmen. Einem Menschen Erfahrungen zu schenken, wie auch immer diese aussehen mögen, ist hingegen eine wahre Kunst. Ich mache Ihnen mit diesem Buch das Angebot, alle notwendigen Erfahrungen, denen Sie auf Ihrem Weg noch begegnen werden, vollumfänglich zu erleben. Aber es ist nicht das einzige Geschenk, das ich Ihnen geben möchte. Ich will Sie auch an meinen Erfahrungen teilhaben lassen, damit das daraus Erkannte auch Ihnen hilfreich zur Seite stehen kann. Ich werde Ihnen nichts abnehmen können, doch meine wertvollen Erkenntnisse können auch Ihnen unterstützend zur Seite stehen und im »richtigen« Moment dienlich für Sie sein.

Hätte ich damals mit zwanzig Jahren eine Art Kompass gehabt, der mir die Richtung angezeigt hätte, damit ich den direkten Weg gehen kann, dann wäre ich heute wohl nicht da, wo ich jetzt bin. Und deshalb ist es gut, seine Erfahrungen zu sammeln, die unabkömmlich sind, wenn man sich selbst entfalten will. Auch Sie werden in Ihrem Leben noch genügend wertvolle Erfahrungen sammeln dürfen. Doch die ultimative Zusammenfassung aller Erfahrungen, die Essenz, werde ich Ihnen hier gern aufzeigen. Sie ganz allein entscheiden, inwieweit Sie eine Abkürzung nehmen wollen oder ob Sie den Weg mit all seinen Schleifen komplett gehen möchten.

Ich nutze hier die Möglichkeit, Ihnen genau das mitzuteilen, was ich im Laufe der Zeit herausgefunden habe. Das »Spiel des Lebens« kann so einfach sein, wenn man um die Spielregeln weiß. Machen Sie sich doch einmal bewusst, dass Ihr Leben in manchen Situationen um einiges einfacher sein könnte, wenn Sie ab jetzt nur noch »richtige« Entscheidungen treffen würden. Sie können weder die Welt noch Ihr Leben ändern, doch Sie können jetzt damit beginnen, Ihre Sichtweise zu ändern und die Dinge anders zu betrachten. Das geschieht nicht einfach nur durch Wissen, das Sie umsetzen können, sondern es geht in erster Linie darum, die »positive« und »negative« Betrachtungsweise durch eine weitere Sicht, nämlich einen neutralen Blick auf die Dinge zu ersetzen.

Allein die Erkenntnis, dass ich in allen Lebenslagen Ja zum Leben sagen kann, hat meinen Alltag ungemein bereichert. Immer wieder habe ich es erprobt, mein neues Wissen aus jahrelang gesammelten Erkenntnissen und meine neue Sichtweise in mein Leben einfließen zu lassen, und die Ergebnisse haben mir bestätigt, dass es *in jedem einzelnen Fall* möglich ist, Veränderung geschehen zu lassen. Man muss nur die erforderlichen Voraussetzungen dafür schaffen.

Eine der vielen Erkenntnisse ist die, dass jeder immer zu hundert Prozent erfolgreich ist, weil immer das erfolgt, was dem entspricht, was er verursacht hat. Diese Einsicht hat es mir möglich gemacht, in jeder einzelnen Situation erfolgreich zu sein, indem ich einfach die richtigen Ursachen gesetzt habe und nicht aufgab, bis ein Vorhaben wieder einmal erfolgreich abgeschlossen war. Das ist auch heute noch so. Ein bewusst gestaltetes Leben bereitet einfach Freude.

Wenn Sie den Spielplan des Lebensspiels kennen, dann können Sie ganz bewusst Ihre Spielzüge planen und Richtungen kreieren, wie es Ihnen gerade beliebt und gefällt. Es ist eine unglaubliche Freude, schon als »Gewinner« zu starten. Natürlich weiß niemand, was auf ihn zukommen wird, aber ich sage Ihnen hier und jetzt, dass jede Entwicklung immer nur zu Ihrem Besten ist. Wie auch immer diese Entwicklung von Ihnen empfunden wird, in Ihrem Kern ist sie »gut«, wertvoll und absolut. Unsere persönlichen Empfindungen werden nicht alle Ereignisse gutheißen, doch wenn wir uns auf dem Weg der Bewusstwerdung mehr und mehr mit uns selbst, also mit unserem Selbst auseinandersetzen, dann werden wir eines Tages die Vollkommenheit in allem erkennen.

Ich habe vieles ausprobiert und war in der glücklichen Lage, sehr oft leicht an Dinge herangeführt zu werden, sodass es oft ganz spielerisch war. Doch es gab auch Momente, die ganz und gar nicht sonnenhaft waren, doch ich habe mich bemüht, mich nicht länger als wirklich nötig im Schatten aufzuhalten und überdies auch in ihm das Licht zu entdecken. Diese »positiv« ausgerichtete Verhaltensform hat mir aufgezeigt, dass es möglich ist, *jeden* Abschnitt des Spiels zu meistern und in *allem* die Essenz zu erkennen.

Ich habe in diesem Buch, wie Sie es vielleicht von meinen früheren Werken her schon kennen, die wichtigsten Aspekte mehrmals wiederholt und immer wieder neu und anders beleuchtet, damit sie sich tief in Ihnen einprägen können und sich verlässlich in Ihnen verankern. Wenn Sie etwas mehrmals lesen, dann geht es in Ihr Unterbewusstsein über und so wird sich ohne Mühe und ohne Ihr aktives Zutun Wunderbares einstellen können. Wenn Sie daher beim Lesen das Gefühl haben: »Das kenne ich schon!« oder »Das wiederholt sich doch!«, lesen Sie nicht einfach darüber hinweg, sondern lesen Sie die Information noch einmal und entdecken Sie sie ganz neu für sich. Ein schon mal gelesener Satz, eine bereits bekannte Idee kann ganz neue Erinnerungen oder Assoziationen in Ihnen wachrütteln und sehr fruchtbar für Sie sein. Auch wenn Sie es nicht sofort bemerken, wird es einen Effekt haben, Bekanntes noch einmal auf sich wirken zu lassen.

Als mich einmal jemand gefragt hat, warum meine Aussagen immer so ähnlich wären, fragte ich ihn, wie er das denn meinen würde. Er sagte, dass er beispielsweise immer wieder lese, dass man alles fühlen solle, um beispielsweise Reichtum zu erfahren. »Und«, sagte ich zu ihm, »fühlen Sie alles?« Etwas beschämt blickte er zur Seite und sagte: »Damit tue ich mich etwas schwer …«

»Sehen Sie«, sagte ich, »ich wiederhole es so lange,

bis Sie bereit sind, in Ihr Herz zu gehen, und ich habe Geduld, sehr, sehr viel Geduld. Geben Sie einfach nicht auf, bevor Sie etwas fühlen. Der Zeitpunkt, wirklich alles zu fühlen, ist vielleicht nur noch nicht gekommen.«

Vielleicht werden Sie über einige Wiederholungen irgendwann nur noch grob hinweglesen, doch in Ihrem Unterbewusstsein wird dieses Wissen jedes Mal verstärkt, damit Sie wirklich jederzeit darauf zurückgreifen können.

Vielleicht sind Sie beim Lesen auch ab und an verwirrt, weil Sie einen klaren Fahrplan durch das Buch und dann auch durch Ihr Leben vermissen. Nun, mein Ansatz ist ein anderer: Ich stelle Ihnen auf den folgenden Seiten jede Menge Einsichten und Möglichkeiten, dazu auch praktische Angebote vor, die sich tief in Sie einprägen werden. Von dort aus beginnen sie dann in Ihrem Leben zu wirken – und zwar ganz individuell so, wie es zu Ihnen passt und zu Ihrem Besten ist.

Gewisse Themen kann man nicht voneinander trennen, weil sie ineinander überfließen und dicht miteinander verwoben sind – in der Theorie genauso wie in Ihrem Inneren. Das Geschriebene soll nicht nur in Ihrem Kopf ankommen, sondern sich tief in Ihrem Inneren verankern, damit es bald schon Früchte tragen kann. Wenn Sie jetzt bereit dazu sind, diese Bereicherungen mit mir zu teilen, damit sich Wünsche erfüllen und Unerwünschtes zu einem Geschenk werden kann, lade ich Sie von ganzem Herzen dazu ein, an der »Leichtigkeit des Seins« teilzuhaben. Das faszinierende

Abenteuer Leben kann auch für Sie jetzt ganz neu beginnen, wenn Sie sich einige Punkte zu Herzen nehmen. Richtungsweisend und spannend soll es sein, damit Sie es freudvoll erfahren.

Ich wünsche Ihnen alles Gute dabei!

Ihr Kurt Tepperwein

TEIL I

Wissen und Hintergründe

Wie funktioniert das Lebensprinzip?

Wie können wir das Spiel des Lebens durchschauen?

Der Kompass des Lebens

Für wenige Minuten hat die gesamte Menschheit einen Blackout und jeder Einzelne sieht in dieser Zeitspanne, was er ein Jahr später in diesem Moment tun wird … Dieser Satz könnte den Anfang eines Films umschreiben, der nicht nur spannende Einsichten aufzeigt, sondern auch ein flaues Gefühl in der Magengegend auslöst, wenn es einen selbst betreffen würde. Wer kann schon sagen, wie sein Leben verläuft? Vielleicht ist diese Frage auch nicht unbedingt wichtig, gar nicht wissenswert. Andererseits, wer wäre nicht darauf gespannt, was ihm das Leben noch so zu bieten hat? Und wer hätte schließlich kein Interesse daran, wie sich sein Leben entwickeln wird?

Auch wenn es durchaus interessant sein kann, ist es dennoch nicht wichtig, denn: Das Einzige, was zählt, ist, den Augenblick zu leben. In diesem Moment hier zu sein und sein Bewusstsein dazu zu benutzen, das Leben zu formen. Darauf kommt es an.

Es ist durchaus so, dass man das Leben mitgestalten kann und dass wir viele Möglichkeiten haben, es zu harmonisieren und sogar zu verwandeln. Wir sind dem Leben nicht ausgeliefert. Wenn wir um seine Gesetzmäßigkeiten wissen und gewisse Grundsätze einhalten, nutzen und gezielt umsetzen, dann leben wir aktiv und bewusst.

Leben ist immer nur JETZT. Vergangenheit und Zukunft, das sind nur Vorstellungen unseres Bewusstseins. Wenn Sie nicht an vergangene Erfahrungen denken, weil Sie Ihre Aufmerksamkeit nicht darauf richten, wo ist dann die Vergangenheit? Wenn wir jetzt da sind, das heißt bei vollem Bewusstsein sind, dann ist das ein bereits großer Schritt in Richtung höchstes Selbst. Und genau dort soll es hingehen.

Alles, was wir tun, ist richtungweisend, denn unser So-Sein steuert in jeder Sekunde in eine Richtung. Diese Richtung können Sie in jedem Moment mitbestimmen und neu vorgeben, wenn Sie gewisse Grundsätze des Lebens beachten. Das Leben kann Sie nur dorthin tragen, wo Sie sich energetisch »sehen« können, und es kann Ihnen nur das geben, was Ihre Entsprechung ist. Und entsprechen wird Ihnen das, was Sie unbewusst oder bewusst ausstrahlen, aussenden und tun.

Aber es sind nicht nur die Taten, die eine Ursache setzen, auf die immer eine Wirkung folgen wird, sondern es sind auch Gedanken und Gefühle, die Richtungen vorgeben. Jeder Gedanke beeinflusst das Leben und gibt ihm eine Route vor, der das Leben folgen muss. Und bei den Gefühlen ist es nicht anders, jedes Gefühl vermag dasselbe auszulösen. Wenn wir uns dessen bewusst sind, dann können wir mit Gedanken, Gefühlen und Handlungen ganz anders, nämlich bewusst und steuernd umgehen. Nur müssen wir zuerst wissen, dass es so ist, ansonsten wird sich an unserer Verhaltensweise nichts ändern können.

Vor allem können wir die Instrumente, die uns und unserem Körper zur Verfügung stehen, ganz gezielt dafür einsetzen, unser Leben sicher über die manchmal raue Lebenssee zu steuern. Es gibt Momente, da werden wir schwanken, und es gibt Momente, wo wir wild hin- und hergeschaukelt werden. Auch ein mehrmaliges Kentern ist nicht ausgeschlossen. Doch was auch geschieht, die Fahrt geht weiter. Schon diese Einstellung, unbeirrt dranzubleiben und das Steuer nicht loszulassen, kann die Welt bewegen und Sie in einer gewissen Sicherheit wiegen.

Um die Fahrt so gediegen wie möglich zu meistern, ist es sinnvoll, frühzeitig die »Geheimnisse« des Lebens zu entdecken und sie für die Überfahrt zu nutzen. Es gibt unzählige Wegweiser, an denen Sie sich orientieren können, und das Beste ist: In Wirklichkeit können Sie sich gar nicht verirren. Warum? Weil Sie nichts falsch machen können und weil alle Richtungen lediglich Erfahrungen sind, die Sie zielsicher dorthin führen werden, wo Sie in Wirklichkeit schon längst sind. Sie haben es nur kurzzeitig vergessen und die richtungsweisenden Möglichkeiten, die ich Ihnen aufzeigen werde, werden es Ihnen Schritt für Schritt in Erinnerung rufen.

Es geht nicht darum, an Wissen festzuhalten oder Anleitungen und Übungen strikt zu befolgen. Was geschehen sollte, ist eine Erweiterung der Wahrnehmung Ihres Bewusstseins. Alle Hilfestellungen, die ich Ihnen hier aufzeige, sind hoch wirksam und einfach umzusetzen. Wählen Sie das, womit Sie sich wohlfühlen. Ganz egal, in welche Richtung Sie gehen und an welche Stelle des Lebensozeans es Sie treibt, alle Erfahrungen weiten Ihr Herz. Sie werden darauf vorbereitet, sich Zugang zu Ihrem abgehärteten Herzen zu verschaffen. Denn ein fühlendes Herz ist das Tor, durch das Sie in Ihr bewusstes Sein eintreten.

Es geht nicht darum, die scheinbar raue See zu ertragen, sondern die Sanftheit des Meeres zu ergründen.

Diese Öffnung wird Sie dazu ermuntern, bis an den Meeresboden vorzudringen und nicht an der Oberfläche des Lebens verhaftet zu bleiben. Es ist zwar ganz nett und amüsant, den vielen Schiffchen zuzusehen und die Fische zu bestaunen, doch all diese irdischen Erscheinungen sind in ihrem Ursprung reines Bewusstsein und tragen all die göttliche Kraft in sich. Wagen Sie das Experiment und lassen Sie sich von der Schlichtheit des Lebens hinwegtragen, um in sich selbst anzukommen und sich als der zu erfahren, der Sie in Wirklichkeit sind: Bewusstsein pur.

Bewusstsein ist Eins-Sein

Das »Spiel des Lebens« wird multidimensional gespielt. Jede Ebene hat ihre eigenen Regeln, Notwendigkeiten und Ziele, und was auf der einen Ebene »richtig« und erstrebenswert ist, kann auf der anderen Ebene »falsch« oder bedeutungslos sein. Schauen wir uns zunächst einmal die menschliche Ebene an. Hier bestimmt das »persönliche Ich« den Weg und das Ziel. Es hat eine Meinung, Überzeugungen und bestimmte Verhaltensweisen, es möchte recht haben und andere überzeugen. Es ist der Herrscher über die Sinne und möchte das Leben ganz nach seinen Bedürfnissen ausrichten. Dazu benutzt es den Verstand, es denkt nach und schafft sich überzeugende Argumente, um möglichst die Führung zu behalten.

Doch was kann der Verstand eigentlich wissen? Er kann immer nur aus Erfahrungen und angelerntem Wissen etwas entnehmen und nur das abrufen, was zuvor eingespeist wurde. Der Verstand kann also nicht wissen, was »gut« für Sie ist. Wenn Sie in Ihrem Computer nur eine Datenbank für Pflanzen führen, dann können Sie auch nicht nachsehen, welches Futter für ein bestimmtes Tier gut ist. Also sollten Sie wissen, dass das Denken durchaus hilfreich sein kann, um das Leben zu gestalten, doch dass das Nachdenken allein keine wirkliche Hilfe ist. Nachdenken ist nur Energieverschwendung, denn während Sie nachdenken, steht die Antwort bereits zur Verfügung. Diese Antwort ist aber nicht über die Ebene des Verstandes abzurufen, sondern erfolgt ausschließlich über Öffnung und Intuition.

Auf der Ebene des Bewusstseins ist alles das, was das persönliche Ich umtreibt, ohne jede Bedeutung. Das Bewusstsein ist ohne Meinung, frei von Überzeugungen oder ganz ohne Verhaltensweisen. Bewusstsein *ist*. Es hat keine Verwendung für das Denken, denn es ist die reine Wahrnehmung. Gedanken sind jenseits des Bewusstseins, das heißt: Wenn Sie im Verstand sind, befinden Sie sich immer auf der Persönlichkeitsebene.

Wenn Sie in sich selbst verweilen, sind jeder Gedanke und jedes Gefühl abwesend.

Dann herrscht reiner Gewahrsam, der jenseits aller Wahrnehmung und allem Wahrnehmenden einfach nur ist, ohne dabei wirklich zu sein. Da sind keine Sinne mehr da, die etwas feststellen, riechen, schmecken, sehen oder tasten können. Es bedarf keiner Argumente mehr und nichts will überzeugt werden. Nachdenken und Argumentieren sind überflüssig, weil »der andere« ebenfalls als reiner Gewahrsein wahrgenommen wird, das heißt: Es gibt keinen anderen mehr.

Der scheinbare andere Körper wird als das Eine Selbst durchschaut und die oberflächliche Wahrnehmung verblasst.

Bewusstsein kennt keine Trennung, denn Bewusstsein ist das Eine, aus dem verschiedene Körper erscheinen, die wieder vergehen. Da alles Sichtbare vergänglich ist, kann es nur aus dem Einen entspringen, aber niemals das Eine sein. Bewusstsein ist in allem und durch alles in jedem Moment vollkommen, weil die göttliche Gnade in jedem Augenblick durch alles wirkt und strahlt.

Unversehens leben Sie in der Leichtigkeit des Seins, auf einmal ist alles ganz einfach.

Das Spiel des Lebens ist eine Entdeckungsreise, doch wer die Neugier verloren hat, der stagniert. Stehen zu bleiben ist keine Lösung. Auch wenn Sie sich in einer Situation befinden, wo Sie am liebsten den Kopf in den Sand stecken würden: Gehen Sie voran. Es gibt eine Lebensweisheit, die Ihnen Zuversicht und Kraft geben kann: Alles im Leben geht vorüber. Wenn Sie sich weiterhin nur im Außen umsehen, ohne dabei tieferzugehen, dann wird sich die Situation nicht ändern können. Haben Sie den Mut und fühlen Sie in sich hinein – in das, was ist. Dabei werden sich ganz interessante Entdeckungen auftun. Das Leben unterliegt Schwankungen, denn Leben bedeutet Dualität. So wie die Wellen des Ozeans, so schlagen auch die Wellen des Lebens manchmal hoch und bilden zugleich tiefe Täler. Sie geben sich ihrem Lauf hin. Dieses Auf und Ab liegt im Leben selbst, denn es besteht aus Schwankungen. Das Gleichbleibende liegt wesentlich tiefer. Wer es entdeckt, wird Glück, Gleichmut und Frieden erfahren.

Auch wenn der Alltag wechselhaft ist, Sie können das Steuer in die Hand nehmen und die Richtung jederzeit ändern. Und wenn Sie Ihr Leben in die Hand nehmen und ganz bewusst neu ausrichten, dann werden nicht nur Wunder geschehen. Sie werden freudvoller durchs Leben gehen und dazu bereit sein, ab sofort Ihr Sein zielsicher zu steuern. Wenn nicht jetzt, wann dann?

Das Leben als Entdeckungsreise zu sich selbst

Dieses Leben findet nur Ihnen zur Freude statt. Wann auch immer Sie sich freuen, wird das Leben zur Freude, und wann immer Sie sich nicht freuen, machen Sie etwas »falsch«. Erkennen Sie die Wirklichkeit hinter dem Schein und erleben Sie ganz bewusst die Schönheit des Augenblicks. Beginnen Sie damit, das Leben auch in als schwierig empfundenen Situationen regelrecht zu zelebrieren. Schaffen Sie sich bewusst und auf *allen* Ebenen Lebensqualität und vor allem: Nehmen Sie sich Zeit für sich selbst. Innezuhalten und sich wirklich zu spüren, sollte etwas Selbstverständliches sein.

Jetzt werden Sie sagen: »Das muss mir niemand sagen, das weiß ich bereits!« Damit mögen Sie auch recht haben. Ich bin mir ganz sicher, dass Sie das wissen. Nur, warum leben Sie es dann nicht? Wann haben Sie das letzte Mal so richtig in sich hineingefühlt? Und damit meine ich nicht eine »Meditation«, in der krampfhaft versucht wird, still zu sitzen, die Gedanken zu verscheuchen und ein künstliches Wohlgefühl zu erzwingen. Mit In-sich-Hineinhorchen oder -Fühlen meine ich, einfach nur in sich zu ruhen und zu beobachten, was geschieht. Das kann mehrmals am Tag für einige kurze Augenblicke geschehen.

Viele Menschen sagen: »Ich habe keine Zeit für Meditation!« Aber:

Meditation ist ein natürlicher Zustand des bewussten Erlebens und hat nichts mit Körperverrenkungen und Rückzug zu tun.

Es ist nichts, was Sie an einem ruhigen Ort tun müssen, sondern vielmehr geschieht es, wenn Sie Ihre Ursprünglichkeit wieder für sich entdecken. Wenn Sie den Augenblick erfüllen und nicht in der Vergangenheit oder Zukunft leben, ergibt sich so viel von selbst. Doch dafür sollte es in Ihrem Kopf still sein. Verscheuchen Sie Ihre Gedanken nicht, sondern beobachten Sie einfach, wie sie kommen und gehen. Der Verstand kann dann zum Verbündeten werden, wenn Sie beginnen, sich selbst zu erkunden.

Ramana Maharshi, der »Heilige vom Berg Arunachala«, riet seinen Schülern, nur einer Frage nachzugehen: Wer bin ich? Auch Sie können diese Frage für sich entdecken, sie sich immer wieder stellen und beobachten, was sich dabei einstellt, auftut und zeigt. Der Kopf darf währenddessen ruhig abwesend sein. Das wird Ihnen sehr hilfreich sein, wenn Sie sich Schritt für Schritt wieder selbst entdecken.

Sich selbst wieder zu entdecken, ist keine Aufgabe oder Übung, vielmehr ist es ein jahrzehntelanger Prozess, eine Entwicklung, die aus der Verwirrtheit befreit.

Es ist also nicht etwas, was Sie neben Ihrem Leben tun müssen, sondern es ist ein bewusstes und achtsames Erleben des momentanen Seins. Entwickeln Sie die

Fähigkeit, aus jedem Moment etwas Besonderes zu machen und in jedem Moment das Eine zu erkennen. Es sind nur Ihre Sinne, die Ihnen Trennung vorgaukeln, in Wahrheit gibt es kein Hier und Dort, kein Ich und die anderen, kein Oben und Unten. Alles ist immer das Eine, es tritt lediglich verschiedenartig in Erscheinung.

Ein liebevolles Miteinander zu leben ist etwas ganz Natürliches, das sich automatisch einstellt, wenn Sie den anderen nicht mehr getrennt von sich wahrnehmen. Dafür müssen Sie aber zuerst entdecken, was Sie sind. Sie müssen nichts wissen, nichts lesen und sich nichts sagen lassen, sondern nur sich selbst direkt erfahren. Es geht um das, was in Ihnen geschieht, etwas ganz Tiefes. Meistern Sie Ihr Leben. Sie sind der Meister! Nicht Sie als Alltagsmensch, sondern Ihr Selbst ist der Meister in Ihnen.

Spielen Sie ab sofort die Hauptrolle in Ihrem Leben und erfüllen Sie sich. Sie sind nicht hier, um anderen zu entsprechen. Auch nicht, um anderen ihre Wünsche zu erfüllen oder ihnen zu gefallen. Auch die Opferrolle kann losgelassen werden, denn Sie sind der Schöpfer.

Solange Sie Erwartungen haben, werden Sie auch Enttäuschungen erleben. Viele Menschen beschweren sich immer wieder über die vielen Enttäuschungen, die sie erleben müssen. Kaum einer kommt auf die Idee, eine Enttäuschung einmal genauer zu betrachten. Was bedeutet es denn überhaupt, ent-täuscht zu werden? Es bedeutet, dass uns jemand aus einer Täuschung holt, in der wir zuvor gelebt hatten. Wir haben nämlich geglaubt, dass alles so funktionieren muss, wie wir es uns vorgestellt haben. Warum muss einer schuld sein, wenn wir es anders haben wollen? Es ist schon recht eigenartig, in welchen Mustern man sich da herumquält. Eine Enttäuschung ist nichts weiter als eine Gegebenheit, die uns nicht passt. Warum ist denn ein anderer nicht auch enttäuscht darüber? Weil es ihn nicht betrifft oder ihm vielleicht egal ist. Wir sehen also, dass eine Enttäuschung nur eine weitere Einbildung in der Illusion des Lebens ist.

Enttäuscht zu werden ist etwas Herrliches und etwas sehr Nutzvolles. Sie dürfen erkennen, dass Ihr Ego wieder etwas wollte und dass Sie ein weiteres Mal nicht bei sich selbst geblieben sind. Vielleicht ändern Sie also Ihre Einstellung zu den sogenannten Enttäuschungen und erkennen, dass das Leben sich nicht Ihrem Ego anpasst, allerdings Ihrem Selbst.

Wenn Sie weiterhin im Ego herumschwirren, dann werden Sie mit vielen Enttäuschungen leben müssen. Nur Ihrem Selbst sind Enttäuschungen fremd.

Viele sind beispielsweise enttäuscht und tun sich schwer, wenn sie allein sein »müssen«. Dabei ist es etwas Wunderbares, allein zu sein. Die Kunst des All-Ein-Seins ist es, immer in Gott zu sein, in sich selbst zu verweilen – DAS zu sein. Statt das zu leben, wollen die meisten lieber mit anderen zusammen sein. Doch wie sieht es in der Beziehung zu anderen Menschen aus? Sehen wir uns einmal die Partnerschaften an: Großes Glück finden wir nicht dadurch, dass wir viel Liebe von einem Partner bekommen, sondern dadurch, dass wir unsere Fähigkeit zu lieben immer umfassender werden lassen.

Viele Menschen wünschen sich einen Partner, um geliebt zu werden. Damit eine Partnerschaft funktioniert, sollte man stattdessen mal überlegen, was man dem Partner geben und wie man ihn unterstützen kann. Ein Partner ist nicht dazu da, um uns zu entsprechen. Wenn Sie das erwarten, werden Sie auch hier wieder endlose Enttäuschungen erleben. Partnerschaft bedeutet, eine Chance für gemeinsames Wachsen und Stark-Werden wahrzunehmen. Es ist ein gegenseitiges Erkennen und sich Ergänzen, das fernab von Machtspielchen stattfinden sollte. Jeder Mensch darf sich frei entfalten und das tun, was er gern tun möchte. Dem anderen gefallen und entsprechen zu müssen, wäre eher unter dem Opfer-Täter-Prinzip einzuordnen. Eine Partnerschaft, in der Liebe gelebt wird, muss vollkommen frei von Zwängen und Erwartungen sein. Erst dann kann Liebe wachsen und gedeihen, alles andere wird absterben und verkümmern. Bevor wir aber wirklich lieben können, müssen wir alle zwischenmenschlichen und partnerschaftlichen Erfahrungen durchlaufen, denn nur aus der Erfahrung können wir reifen. In der Kunst zu lieben liegt der ganze Sinn des Lebens. *Liebe zu sein*, das ist wohl der vollkommene Ausdruck, denn Liebe tut nichts. Liebe ist unbewegte Freiheit in sich.

Man hört immer wieder, dass Menschen nach einer Trennung sagen, dass sie ihren Partner nicht mehr lieben oder dass sie ihn einmal geliebt haben. Wie ist das möglich? Liebe ist etwas, das immer da ist. Wir können nicht jemanden plötzlich lieben und dann mit einem Schlag nicht mehr. Es ist sicher eine Form von Zuneigung und Gernhaben, doch wahre Liebe stellt keine Bedingungen und ist über Raum und Zeit hinweg beständig.

Wahre Liebe kann nie unglücklich sein oder enttäuscht werden, denn der andere kann uns gar nicht daran hindern, ihn zu lieben. Liebe ist ein Weg, auf den man sich miteinander macht, um letztlich bei sich selbst anzukommen. Wir bekommen also immer den idealen Partner, weil der jeweilige Mensch an unserer Seite genau unserem Resonanzfeld entspricht. Wünschen Sie sich, nie mehr einen Partner zu haben, der sich auch für andere interessiert oder Alkohol trinkt, werden Sie genau so einen Partner wieder anziehen. Das Universum kennt das Wort »nicht« nicht, es kennt keine Verneinung. Streichen Sie das Wort »nicht«! Wenn Sie sagen würden: »Das wünsche ich mir nicht mehr«, dann haben Sie genau gesagt, was Sie eigentlich wollen, um Ihre Erfahrung aufs Neue zu machen. Ihre Persönlichkeit mag es nicht wollen, aber Ihre Seele bedarf dieser Erfahrung, bis sie sich erfüllt hat. Das Spiel geht so lange, bis Sie neutral mit der Situation umgehen und nichts mehr ablehnen, bewerten und beurteilen. Es geht im Leben um die Erkenntnis der Dinge und um den Einklang, um ein neutrales Sein. Gott braucht keine Menschen, die bewerten, denn er weiß, warum und wieso er die Dinge so lenkt, wie er sie lenkt.

Dieser Gott, diese göttliche Quelle, ist etwas, das nicht außerhalb von Ihnen existiert, sondern in Ihnen schlummert, durch Sie strahlt und Sie am Leben erhält.

Das Spiel des Lebens spielen

Und nun möchte ich auf das Lebensspiel zurückkommen. Es zu erkennen, ist eine wahre Entdeckungsreise, und auf dieser Fahrt können Sie nur gewinnen. Zwischen Gewinnen und Verlieren gibt es keinen Unterschied. Es ist ganz gleich-gültig, ob ein vermeintlicher Gewinn oder Verlust eintritt, denn in diesem Spiel haben Sie die Chance, durch einen »Verlust« mehr zu gewinnen als durch einen Gewinn. Erkennen Sie, dass Erfolg, Macht, Ansehen und Besitz nur »Spielsachen« sind, die Sie ohnehin hier zurücklassen werden, wenn das Spiel eines Tages zu Ende geht.

Das Spiel des Lebens findet Ihnen zur Freude statt, also freuen Sie sich in jedem Augenblick und leben Sie in heiterer Gelassenheit. Nur aus der energetischen Ebene heraus kann das Spiel des Lebens entstehen. Das, was Sie als Ihr Leben und als Realität bezeichnen, ist eine Erscheinung energetischen Ursprungs. Auch Erfolg, Lebensumstände, Entwicklung, Beziehung, Gesundheit, Gefühle und Gedanken haben denselben Ursprung.

Ihre gesamten Lebensumstände sind von Ihrer »energetischen Signatur« abhängig. Das Wort »Energie« kommt aus dem Griechischen und heißt übersetzt

»wirkende Kraft«. Es ist die »Aktivität« des in sich ruhenden Einen Bewusstseins. Materialisiert sich diese ruhende Bewegung, dann kommen all die Dinge zum Vorschein, die über die Sinnesorgane wahrgenommen werden können.

Wenn Sie Ihre Augen schließen, verschwindet die Welt – und doch ist sie da.

Jede Energie wirkt entsprechend ihrer Schwingung. Sie ist wie der Samen der individuell wahrgenommenen Realität und sie wirkt ständig und bei jedem. Jeder Mensch trägt eine spezielle Schwingung in sich und das, was Sie ausstrahlen, das nenne ich »energetische Signatur«. Wer meine Bücher und Seminare schon kennt, dem ist dieser Ausdruck sicher geläufig. Diese Signatur ist Ihre ganz spezielle Frequenz, die Resonanzen erzeugt, das heißt: Ihr Leben kann immer nur Ihrer energetischen Signatur entsprechen. Was Sie aussenden, das kommt auch zurück, denn Ihr Leben ist eine Spiegelung Ihres So-Seins. So wie Sie nach außen hin wirken, strahlen und auftreten, so wirkt das Leben auf Sie zurück. Ihre energetische Signatur ist Ihr »Dauerauftrag an das Leben«. Sie sind ein permanenter Sender von unbewussten Signalen, die etwas bewirken.

Und das heißt: Sie können aber auch bewusst Signale aussenden, wenn Sie sich Ihrer energetischen Signatur bewusst geworden sind. Machen Sie sich einmal bewusst, was Sie *jetzt*, in diesem Moment, aussenden und was Sie damit in Ihr Leben ziehen.

Und? Sind Sie damit einverstanden? Wollen Sie das in Ihr Leben ziehen, was genau in diesem Moment in Ihnen schwingt? Ist Ihr jetziges Leben genau so, wie Sie es gern haben möchten? Oder wollen Sie etwas ganz anderes in Ihr Leben ziehen? Ihr Leben anders gestalten?

Was müssten Sie für diese Veränderung ausstrahlen?

Drei entscheidende Minuten

Stellen Sie sich einmal vor, die nächsten drei Minuten würden Ihr ganzes Leben entscheiden. Erfüllen Sie sich einmal mit der entsprechenden Energie. Erleben Sie Ihr Leben als erfüllt und erfüllen Sie sich selbst mit einem starken Gefühl der Freude und der Dankbarkeit. Fällt Ihnen das schwer? Wie fühlt es sich an?

Sein Leben wirklich zu *führen* heißt, sich seiner energetischen Signatur ständig bewusst zu sein und ausschließlich liebevolle und freudvolle Impulse zu senden. Vielleicht dauert es etwas, bis Sie das auch fühlen können. Sobald Sie aber mit Dankbarkeit erfüllt sind und in Ihrem Herzen Freude verspüren, wird es nicht mehr lange brauchen und das Gefühl wird sich über Ihren Körper hinaus ausdehnen. Dann werden Sie Freude und Dankbarkeit *sein*. Erst wenn Sie das sind, was Sie immer schon waren, können Sie dem Wort »Schöpfer« gerecht werden. Ihr »Werkzeug Körper« ist die Eintrittskarte in das Paradies. Freude und Ausdehnung in Ihrem Herzen öffnen die Tür zum Paradies.

Freude zu *sein* und sich als Selbst zu entdecken, das ist das Paradies selbst.

Unsere energetische Signatur verursacht in jedem Moment eine Wirkung, der wir in unserem Leben ausgesetzt sind. Warum sollten Sie dann nicht auch eine erwünschte Wirkung hervorrufen, die Ihr Leben bereichert und Ihr So-Sein optimal zum Ausdruck bringt?

Sie sind der Schöpfer und alles ist möglich. Verwechseln Sie aber nicht die Ausdrücke. Wenn ich sage, dass Sie der Schöpfer sind, meine ich nicht Ihre Persönlichkeit, Ihr Ego, Ihren Körper oder Sie als Mensch. Ich spreche von dem, was Sie wirklich sind: grenzenloses Bewusstsein.

Wenn Sie Ihre energetische Signatur bewusst wählen, dann liefert das Leben zuverlässig die entsprechende Wirkung. Das Gesetz der Anziehung, auf das ich noch genauer eingehen werde, sorgt dafür, dass Sie die Ihrem So-Sein entsprechenden Ereignisse in Ihr Leben ziehen, ob Sie das glauben oder nicht, ob Sie das wollen oder nicht. Sie aber bestimmen Ihr So-Sein – Sie könnten es zumindest in jedem Augenblick bewusst tun – und bestimmen damit, was Sie in Ihr Leben ziehen. Sie sind die Schicksals-Verteilungsstelle für Ihr Leben und niemand sonst.

Unser eigentlicher Körper ist ein Energie-Körper. Mit seiner ganz besonderen, einmaligen Schwingung, unserer energetischen Signatur, bestimmt er auch die Funktionen unseres physischen Körpers. Sie können Ihre Realität auch »umfühlen«, indem Sie sich einen erwünschten Endzustand nicht nur vorstellen, sondern einfach hinspüren, wie es sich anfühlt. Entscheidend sind immer nur das bewusste Erleben und die Intensität Ihres Gefühls. Es ist keine Vorstellung, wie es sich anfühlen könnte oder würde, sondern ein direktes Erleben, eine gefühlte Erfüllung.

Fühlen heißt in diesem Fall: den erwünschten Endzustand vollziehend zu erleben; Sie fühlen, dass es bereits geschehen ist. Sie machen sich diese neue Realität zu eigen. Sie leben, atmen, denken, fühlen und *sind* ganz bewusst in der Erfüllung. Sie betrachten es also nicht so, wie ein Zuschauer die Dinge von außen anschaut, sondern erleben dankbar und voller Freude, dass es bereits geschehen ist.

Sie können so auch ein strahlendes Immunsystem fühlen, das alles »Unheil« immer sofort eliminiert und Ihre Gesundheit stärkt. Erfüllen Sie sich mit Kraft, Vitalität, Lebensfreude und dem Gefühl, in sich ewig jung zu sein. Auf die gleiche Art und Weise können Sie jeden Aspekt Ihres Lebens »umfühlen«. Die Macht der Wiederholung kann dabei immer wieder nutzvoll sein. Geben Sie Ihrem Leben die Chance, wunderbar und einzigartig zu werden, um sich und andere zu erfreuen.

Die Wirklichkeit Ihres So-Seins wirkt über Ihre energetische Signatur unmittelbar auf die Umstände Ihres Lebens ein und ruft genau das in Erscheinung, was ihr entspricht. Alles kann jederzeit umgewandelt werden. Ausnahmslos alles. So wird das Leben zu Ihrem Freund und Lehrer und zum individuellen Einweihungsweg in die Wirklichkeit des Seins.

Sich neu erfinden

Neben der energetischen Signatur, die durch ihre Anziehungskraft das Resonanzprinzip steuert, sollte man auch gezielt das Werkzeug Verstand zum Einsatz bringen. Wir haben zwei ganz unterschiedliche »Persönlichkeiten« in uns, die sich auch in der rechten und linken Gehirnhälfte spiegeln. Durch die bewusst gerichtete Aufmerksamkeit können wir beide unterscheiden und erst einmal kennenlernen. Dann können wir darauf achten, welche Seite gerade unsere Entscheidung beeinflusst, und dann bewusst die eine oder die andere Seite entscheiden lassen. So können wir beide Persönlichkeiten erkennen und als holistische Persönlichkeit leben.

Die »linke Persönlichkeit« ist rational, kritisch und mit starr fixierten Denkmustern behaftet. Sie ist sprachbegabt, methodisch und fleißig, denkt in den Kategorien Zeit und Termin. Die linke Seite ist die ernstere, sie lenkt das Leben nach einem strengen Stundenplan. Sie beurteilt alles nach Richtig und Falsch und möchte dominieren.

Die »rechte Persönlichkeit« wird von den Gefühlen bestimmt. Sie ist heiter, gelöst und lebt nur im Jetzt, sie kommt dadurch mit der scheinbaren Realität und ihrer Linearität weniger gut zurecht. Sie ist liebevoll, behutsam und diplomatisch. Sie ist begeistert und sorglos. Die rechte Seite kümmert sich weder um die Vergangenheit noch um die Zukunft. Ihre Welt ist das Jetzt.

Jede Änderung setzt das Erkennen des So-Seins voraus – dann aber können Sie Ihr Leben praktisch wandeln.

Programme ändern oder löschen

Fragen Sie sich: Welche Ihrer Eigenschaften oder inneren Programme wollen Sie löschen oder wandeln? Wählen Sie zunächst eines aus. Imaginieren Sie Situationen, in denen diese Eigenschaft wirkt, und wandeln Sie sie in die gewünschte Form, indem Sie diese fühlend erleben.

Wiederholen Sie das mehrfach mit unterschiedlichen Situationen, bis das erwünschte Verhalten ganz natürlich ist. Dann hat es sich in Ihnen verankert, während das bisherige Verhalten nur noch eine immer blasser werdende Erinnerung ist.

Fragen Sie sich außerdem: Welche Eigenschaften oder Verhaltensweisen möchten Sie annehmen und sogar verstärken? Imaginieren Sie wieder Situationen, in denen die erwünschte Eigenschaft wirkt, und geben Sie auch ihr über das Hineinfühlen die gewünschte Form.

Jeder Mensch hat im limbischen System Programme, die biochemisch wirken und automatisch ausgelöst werden. Wut oder Angst sind zum Beispiel solche Programme. Es dauert jedoch kaum länger als eine Minute und die biochemische Reaktion ist wieder restlos aufgelöst. Geht unsere Reaktion jedoch weiter und halten wir die Angst aufrecht oder bleiben wütend, dann geschieht das nur, weil wir bewusst oder unbewusst die Wahl getroffen haben, damit weiterzumachen. Wir haben diesen Gefühlen Raum gegeben und ihnen unsere ganze Aufmerksamkeit geschenkt. Durch dieses Verhalten können sich solche Programme in uns einnisten und die Herrschaft übernehmen. Um darauf Einfluss zu nehmen, sollten wir wissen, dass jede Reaktion eine biochemische und eine rationale Komponente hat. Deswegen ist es ratsam, in einer Stresssituation zuerst langsam bis zehn zu zählen, bevor die Reaktion zugelassen wird, weil dann die biochemische Seite bereits vorbei ist. Es kann aber auch umgekehrt ablaufen: Sie haben einen Gedanken, der Sie schmerzt und die biochemische Reaktion auslöst. Sie sollten also jederzeit rational entscheiden, ob Sie einem Gedanken folgen oder eine Reaktion zulassen.

Kein Mensch kommt mit einem »Handbuch für richtiges Verhalten« auf die Welt, deswegen sollten wir bei anderen stets großzügig sein und uns in jedem einzelnen Fall von Auseinandersetzung bewusst entscheiden, ob das Verhalten, das wir nun an den Tag legen wollen, wirklich angemessen ist. Und selbst wenn, müssen wir uns fragen, ob wir es so zulassen wollen oder besser eine andere Verhaltensweise wählen und allmählich in uns verankern können.

Es sind zwei sich gegenseitig durchdringende Bewusstseinsebenen, die gleichzeitig in uns wirken. Und es ist unsere Wahl, welcher wir folgen oder ob wir ein ganz neues Verhalten »installieren«. Erst damit sitzen wir am Steuer und bestimmen bewusst die Richtung unseres Lebens. Wir haben vielleicht nicht immer die volle Kontrolle darüber, was geschieht, aber es liegt in unserer Macht und Verantwortung, wie wir damit umgehen. Damit bestimmen wir auch, wie wir uns dabei fühlen, und das wiederum hat einen entscheidenden Einfluss auf unsere Gesundheit und unser Wohlbefinden. Sogar auf die Lebensdauer wird es sich auswirken.

Manche sagen sich bei Unschönem im eigenen Innern einfach: »Stopp …, löschen …, jetzt nicht …!« Oder: »Genug! Aufhören!« Wie Sie es machen, ist ganz ohne Bedeutung, wichtig ist nur, dass Sie bewusst entscheiden, und zwar in jeder einzelnen Situation. Damit wird der Automatismus der Programme und Verhaltensmuster beendet und es entsteht eine große innere Freiheit. Besonders wenn dieser innere Befehl mit einem starken Gefühl verbunden wird, ist es sehr wirksam. Pflegen Sie bewusst den Garten Ihrer Gedanken und Gefühle und reißen Sie Unkraut immer sofort aus.

Wenn der Nörgler in Ihnen gar nicht mehr aufhören will, dann können Sie Ihre Aufmerksamkeit auf etwas richten, das Ihnen Freude macht, das Sie interessant finden oder gern tun würden. Dieser Nörgler hat nämlich nur einen Kanal zur Verfügung und wenn der mit etwas anderem besetzt ist, kann er mit dem Nörgeln nicht fortfahren. Wenn Sie an etwas denken, aktivieren Sie die linke Gehirnhälfte, und wenn Ihnen der Gedanke Freude macht, aktivieren Sie damit auch die rechte Gehirnhälfte und sind damit holistisch konzentriert. Auf diese Weise können Sie auch die qualitative Ausrichtung Ihrer Gehirnhälften optimieren und durch

Wiederholung installieren und verankern Sie das Gewünschte. Jeder gewünschte Zustand ist damit nur noch einen Gedanken weit entfernt, beispielsweise der eines tiefen inneren Friedens.

Auch die sogenannte Erleuchtung ist kein Lernprozess, sondern eine innere Entscheidung. Sie ist ständig da, denn sie ist unser aller wahres Wesen. Wir trennen uns nur davon, weil wir das noch nicht durchschaut haben. Vielleicht haben wir uns ganz einfach auch noch nicht die Zeit dafür genommen, unserem wahren Wesen auf die Schliche zu kommen. Gedanke und Gefühle bringen uns natürlich davon ab und lenken uns immer wieder in die Illusion des Lebens hinein. Aber wir können jederzeit neu wählen. Wenn Sie wollen, können Sie genau jetzt erwachen, denn Bewusstsein ist genau das, was Sie sind.

Das Erwachen des Bewusstseins

Bewusstsein erwacht nicht von selbst, es ist die Folge Ihrer bewussten Entscheidung. Das Richten der Aufmerksamkeit ist der Schlüssel zum Bewusstsein. Sobald Sie Ihre Aufmerksamkeit auf Ihr wahres Sein richten und gerichtet halten, werden Sie es fühlen und als Ihre Identität erkennen.

Bewusstsein erwacht in der Gedankenstille und Bewegungslosigkeit.

Das Bewusstsein ist nicht Teil des Menschen, es ist das, was den Menschen zum Leben erweckt, ihn am Leben erhält und ihn bewirkt. Es ist das, was Sie sind. Sie können einen Körper nutzen, doch Sie sind nicht der Körper. Sie sind Bewusstsein. Körper, Verstand und Ego sind nur Instrumente, die Ihnen für ein bewusstes Erfahren zur Verfügung stehen.

Der Mensch ist ein zeitloses und ewiges Wesen, das in eine zeitlich begrenzte Erfahrung eingetreten ist.

Sobald Sie durch dieses Tor zum Bewusstsein eintreten und Ihr wahres Sein erkennen, kommt die natürliche Intelligenz zum Vorschein. Das Denken stellt sich in den Hintergrund, es wird durch die Wahrnehmung ersetzt. Nun kann sich die reine und unpersönliche Intelligenz frei entfalten, und ohne die ständigen Wertungen werden Begrenzungen schwinden. Sobald Sie erkannt haben, dass Sie sich jederzeit auf Ihr Selbst besinnen können, sollten Sie sich von nichts mehr ablenken lassen. Lenken Sie Ihre ganze Aufmerksamkeit in Ihr Herz und achten Sie darauf, nicht abzuschweifen. Lassen Sie sich von nichts und niemandem ablenken, denn jede Re-Aktion zeigt nur eine Verhaftung, eine Art unfreies Sein auf. Freiheit bedeutet, der Welt als Bewusstsein zu begegnen und die Sinnesorgane zu zähmen. Wenn Sie Ihren Gedanken und Sinnen freien Lauf lassen, dann sind Sie ganz schnell wieder in Ihre persönliche Wahrnehmung verstrickt, die Ihrem Selbst fern ist.

Bewusstsein ist das Einzige, das Sie als »Ich« benennen können.

In heiterer Gelassenheit spielt sich das Spiel des Lebens wesentlich angenehmer. Bleiben Sie in der Beobachtung und sehen Sie einfach nur hin, wie die Dinge geschehen. So werden Sie erkennen, dass alles dasselbe ist, dass es keine Trennung gibt und alles gleiche Gültigkeit besitzt. Alles ist gleich gültig und alles hat seine Ordnung. Alles darf und muss so sein, wie es gerade ist. Warum? Weil alles immer nur eine Folge Ihres So-Seins ist und das Leben nur das aufzeigen und spiegeln kann, was Sie gerade sind. Ihr Bewusstsein entscheidet über die Gegebenheiten, deshalb lohnt es sich allemal, die Aufmerksamkeit immer wieder auf das höhere Selbst zu richten. Die Instanz, die die »Realität« wählt, ist immer nur das Bewusstsein. Ihr Bewusstsein ist eine Realitätsfabrik und Ihr So-Sein Ihr »Dauerauftrag an das Leben«. Sie können also wählen, wie Ihr Leben aussehen soll. Ihr Leben ist die Wahl. Treten Sie einfach hervor und leben Sie »angekommen«.

Bewusstsein erwacht zu sich selbst, erkennt sich selbst und tritt als Realität in Erscheinung.

Sobald Sie durch das Tor des Bewusstseins schreiten, wird der Fluss des Seins spürbar und Sie sind nicht mehr der, für den Sie sich gehalten haben. Es ist so, als ob sich eine Verwechslung aufklären würde. Sie wissen plötzlich, dass Ihr Dasein so, wie Sie es bisher geglaubt haben, gar nicht existieren kann. Der natürliche Zustand des ICH BIN tritt ein und alles andere verschwindet. Das ist kein außergewöhnlicher Vorgang, sondern ein Wieder-Erinnern Ihres natürlichen Zustandes. Hier können Gedanken oder Gefühle außen vor bleiben, denn das Bewusstsein ist jenseits aller Bewegungen.

Wenn Sie nachdenken oder reagieren, sind Sie nicht »bei Bewusstsein«, denn wo Bewusstsein ist, ist alles andere abwesend.

Von einem Moment zum anderen sind Sie plötzlich zu Hause angekommen. Es ist selbstverständlich und gleichzeitig vollständig gegenwärtig. Sie erkennen die Illusion des Lebens und erleben die Wirklichkeit des Seins. Von nun an erleben Sie das Leben viel intensiver als vorher, Sie können in einzelne Aspekte eintauchen, ohne sich darin zu verwickeln. Die wahre Identität bleibt und kann nicht mehr vergessen werden. Sie sind in Ihrem Leben wie ein Schauspieler, der bewusst eine Rolle spielt, die er frei gewählt hat, ohne zu vergessen, wer er wirklich ist.

Es gibt kein niedriges Ich mehr, das es ohnehin nie wirklich gegeben hat. Erst wenn Sie angekommen sind, erkennen Sie, dass Sie nie weg waren, dass Sie nie etwas anderes als reines Bewusstsein gewesen sind. Sie werden es auch immer bleiben, denn Bewusstsein ist das Einzige, was existiert.

In der Präsenz der Geistesgegenwart erleben Sie

jeden Moment intensiv, und außer diesem einen Moment scheint nichts mehr zu existieren. Vergangenheit und Zukunft lösen sich auf, weil Sie keine Achtsamkeit mehr in diese künstlichen Zeiten lenken. Sie schweifen nicht mehr ab und leben im Augenblick. Warum also weiterhin die Vergangenheit am Leben erhalten und die Zukunft künstlich erzeugen? Es ist nicht wichtig, was war, und Sie müssen auch nicht wissen, was sein wird. Sie werden es erleben! Verschwenden Sie keine einzige Sekunde mehr für vergangene Erinnerungen und zukünftige Spekulationen, denn genau das ist es, was uns krank und unfrei macht.

Frei zu sein bedeutet, den Moment bewusst wahrzunehmen und sich von allen Trugbildern und Vorstellungen zu befreien.

In dem Maße, wie Sie sich selbst nähern, wird das Leiden aus Ihrem Leben verschwinden. Da ist niemand mehr, der leiden kann, da Sie sich als Bewusstsein nicht mehr mit dem Körper identifizieren. Sie erfahren sich nicht mehr als Materie, obwohl Sie noch in der Materie beheimatet sind.

Taucht ein Schmerz, Leid oder Kummer auf, dann erkennen Sie das Bewusstsein als Ursprung dieser Dinge und überlassen dem Körper diese Empfindungen. Sie lassen sich im Selbst nieder und beobachten den Körper mit seinen Empfindungen, die dann ganz sanft an Ihnen vorbeigehen werden.

*Es ist nicht das persönliche Ich, das aufgelöst wird, es ist
die Illusion, der Glaube an ein Ich, der verblasst.*

Der Irrtum löst sich auf. Schwierigkeiten, Sorgen,
Ängste, Ärger und Stress bekommen eine ganz andere
Dimension. Als Bewusstsein nehmen Sie eine beobach-
tende und distanzierte und keine leidende, identifizier-
te Stellung ein. Es bringt eine große Erleichterung, von
seinem Trugbild Abstand zu nehmen. Das Leben bekommt eine ganz andere Qualität und Sie rücken Ihrem
Auftrag näher, einen natürlichen Schwur zu erfüllen:
vom bloßen Mensch-Sein ins bewusste Sein überzu-
gehen.

Die Evolution besteht nicht darin, sich Wissen anzueignen, intelligenter zu werden, sich Reichtum anzu-
häufen, Besitz zu horten, etwas zu erreichen oder seine
Wünsche zu verwirklichen. Es geht darum, zu sich
selbst zu kommen. Sich um Bedürfnisse zu kümmern,
ist nebensächlich.

Warum Dinge anhäufen, wenn sie doch vergänglich sind?

Kümmern Sie sich um das eine Bleibende, denn alles
andere ist unbeständig und wird sowieso vergehen. Die
Dualität des Lebens schluckt alles und was bleibt, ist
DAS, das Bewusstsein, das ewige Sein. Machen Sie sich
folgenden Satz zum Lebensmotto:

Ich lebe ganz bewusst als liebevolle Präsenz des Seins.

Leben als Bewusstsein

Spätestens jetzt wissen Sie um Ihre wahre Identität. Gehört haben Sie das bislang Geschriebene wahrscheinlich schon mehrmals, und vielleicht wissen Sie auch schon seit Längerem, dass es gar nicht anders sein kann. Doch was nützt Ihnen dieses Wissen? Es stellt sich die Frage: Was kann ich tun? Machen Sie sich einmal bewusst, wen Sie meinen, wenn Sie »ich« sagen. Meinen Sie Ihren Körper? Sprechen Sie von Ihrem Verstand? Sprechen Sie von Ihrer Persönlichkeit? Ja, eine Persönlichkeit, die haben Sie, aber können Sie eine Persönlichkeit sein? Wenn Sie ein Haus haben, sind Sie dann auch das Haus? Nach eingehendem Prüfen werden Sie also feststellen, dass das, was Sie haben, sei es das Ego, der Verstand oder der Körper, gar nicht »ich« sein kann. Was aber sind Sie dann, wenn Sie nicht Ihr Körper sind? Gute Frage!

Wer ist denn der »Besitzer« Ihres Körpers? Wenn Sie nicht der Körper sind, was oder wer sind Sie dann überhaupt? Gibt es wirklich diesen Körper, der Ihnen gehört? Wie können Sie überhaupt sagen, dass Ihr Körper schmerzt? Wäre es nicht wahrheitsgetreuer zu sagen: *Dieser* oder *der* Körper schmerzt? Ist es nicht auch die Identifikation mit dem Körper, die den Schmerz noch größer und stärker macht? Sage ich also nicht »Ich habe Kopfweh«, sondern »Ein Kopf tut weh« oder »Kurt hat Kopfweh«, dann bemerke ich ganz schnell, dass sich das ganz anders anfühlt. Ein einziges Wort schafft es also, uns in Illusionen zu verstricken, uns in

Täuschungen hineinzuziehen und uns darin festzuhalten. Wie verdreht das doch ist!

Alles, was ich benennen kann, bin ich nicht. Also was bin ich? Bin ich die Rolle, die ich spiele, oder bin ich meine Position? Warum kann die Frage um das wahre Sein nur von so wenigen Menschen beantwortet werden? Viele Menschen beklagen ihr Leid, wobei sie aber noch nicht einmal herausgefunden haben, was sie sind. Wäre es nicht besser zu wissen, wer da genau leidet? Von wem sprechen Sie denn, wenn Sie sagen: »Ich leide«?

Viele haben noch nie darüber nachgedacht oder die Möglichkeit in Erwägung gezogen, ihr Dasein zu hinterfragen. Warum auch? Nun: Warum nicht? Ist es vielleicht deshalb so, weil sie immer in Bewegung sind und sich selbst keinen Raum zum Innehalten geben? Der Mensch hat seine Probleme und möchte Lösungen dafür, obwohl er gar nicht weiß, *wer* überhaupt die Probleme hat. Wenn er gar nicht der ist, der Probleme hat, warum leidet er dann?

Kann ich meine Ausstrahlung sein oder der Eindruck, den ich mache? Wie kann ich das behaupten und vor allem, wer behauptet das?

Lassen Sie uns noch tiefer gehen: Ich mache mir bewusst, was ich praktisch über mich erfahren kann, und lasse alles los, was ich über mich weiß oder was man mir gesagt hat. Was zählt, ist nur das, was ich praktisch erleben kann. Wenn ich in mich hineinspüre, erlebe ich meine Existenz, und dann erlebe ich, dass es da etwas gibt. Ich erfahre mich als Sein, als freie Existenz, ohne jede Eigenschaft. Dafür muss ich aber das Denken sein lassen und mich voll und ganz auf mein Gefühl einlassen. Mein Denken wird auch nach Millionen von Jahren nichts über seine Existenz herausgefunden haben. Gehe ich aber tiefer und spüre ich in mich hinein, dann werde ich mich als ICH-BIN-Quelle erfahren.

In der Stille werde ich mir begegnen.

Ich bin mir dessen bewusst, dass ich nichts außer Bewusstsein sein kann. Warum? Weil es nichts außer Bewusstsein gibt. Bewusstsein ist das, was alles hervorbringt. Auf der Erde erscheinen so Figuren, Gestalten und Körper. Doch das sind alles nur Projektionen unseres Bewusstseins, die mit der Realität, die das Bewusstsein ist, nichts zu tun haben.

Ich bin bewusstes Sein. Wie kann ich mich dem nähern? Was kann ich tun?

Ich halte inne und werde leer. Dann spüre ich dem nach, *wo* ich mich erlebe. Wo ist der Mittelpunkt meines bewussten Seins? Wo ist meine Mitte? Ich erlebe einmal ganz bewusst die Mitte meines Seins. Ich ruhe bewusst in mir. Und dann fühle ich meine Größe, meinen Umfang und meine Fülle, ich spüre, wo meine Grenzen sind. Dabei werde ich erkennen, dass da gar keine Grenze ist. Nur der Verstand kann mir Grenzen auferlegen, doch meine Natürlichkeit ist grenzenlos. Dieses bewusste Sein erfüllt meinen ganzen Körper, aber es endet nicht mit dem Körper. Ich dehne mich aus und lasse mich weiter werden, um zu spüren, wo meine Grenzen sind. Ich erkenne, dass da gar keine Grenze ist. Ich bin grenzenlos und allumfassend. ICH BIN!

ICH BIN alter-los, das bedeutet, dass mein Energiekörper, meine wahre Identität, frei von jeglichen Alterungsprozessen ist. ICH BIN karma-los, das heißt, dass so etwas wie Karma nur aus der menschlichen Sichtweise heraus existiert. Die Seele hat kein Alter und kein Karma, denn sie ist ewig. Ich war immer und werde immer sein. Bewusstsein wurde weder geboren, noch kann es krank oder alt werden: Es *ist*. Bevor etwas war, war dieses Eine, das ich bin, und wenn nichts mehr sein wird, werde ich immer noch sein. Ich bin ewiges Sein, war immer und werde in alle Ewigkeit sein.

Als dieses alterlose Sein nehme ich nun einmal ganz bewusst meinen Körper in Besitz. Ich durchdringe und erfülle jede Zelle mit meinem bewussten Sein und spüre, wie die Vollkommenheit meines Seins alles Unheil in meinem Körper auflöst und ich immer heiler werde. So lasse ich ganz bewusst ständig Heilung geschehen, sodass auch mein Körper ein vollkommener Ausdruck der Vollkommenheit meines wahren Seins ist.

Als dieses vollkommene Sein mache ich mir nun bewusst, weshalb ich hier bin. Welche Erfahrungen will ich hier machen? Ich gehe ganz bewusst in mein Leben hinein, genieße und erfülle ganz bewusst jeden einzelnen Augenblick und spüre, wie einzigartig es ist, am wunderbaren Geschenk Leben teilnehmen zu dürfen. Ich lebe ganz bewusst liebevoll und segensreich und erfülle jeden einzelnen Augenblick mit der segensreichen Präsenz meines Seins.

In diesem inneren Sein herrscht Gedankenstille und ständiges Gewahrsein dessen, was ist. Ich erkenne, dass der laute Verstand nur an der Oberfläche des Lebens vorhanden ist, und so kann ich mich als Beobachter erleben. Ich bin das, was wahrnimmt. Ich bin wahrnehmendes Bewusstsein, das im Wahrgenommenen auf sich selbst trifft. Meine Wahrnehmung zeigt mir, dass ich als Beobachter eigenschaftslos bin. Auch die Persönlichkeit kann in ihrer Vielfalt nur an der Oberfläche existieren. So erlebe ich mich als vollkommenes und ewiges Sein – weit weg von der Geschäftigkeit des Verstandes und den Interessen der Persönlichkeit. Ich bin erwacht und angekommen und nun kann ein ganz neues Leben beginnen. Es ist ein Leben, das ich als ich selbst erlebe.

Ein unverzichtbarer Schritt des bewussten Seins ist das Beobachten. Alles, was ins Bewusstsein tritt, wird nicht mehr persönlich wahrgenommen, sondern absolut wertfrei beobachtet, ob es nun ein Gefühl, ein Gedanke, eine Befürchtung, eine Situation oder eine Begegnung ist. Bewusstsein nimmt wahr, eine Persönlichkeit hingegen bewertet und fällt Urteile. Als Beobachter löse ich mich davon und werde auch der Angst unbeeindruckt begegnen können. Die Dinge angstfrei anzuschauen, kann mir nur gelingen, wenn ich mich davon distanziere. Bewusstsein reagiert nicht, Bewusstsein ist.

So löse ich nicht meine Angst auf, sondern ich löse mich von der Angst. Solange ich mich als Mensch fühle, werde ich auch Angst fühlen. Deshalb ist es meine Aufgabe, zu durchschauen und zu entdecken, wer ich wirklich bin und was ich nicht sein kann.

Der Beobachter ist frei für das Wesentliche, die Persönlichkeit hingegen verliert sich im Unwesentlichen.

Wie aber kann ich unterscheiden, was unwesentlich und was wesentlich ist? Dies hat nichts mit einer Meinung zu tun, es geht auch nicht darum zu wissen, was gut für mich ist und was ich sein lassen sollte. Alles, was vergeht, ist unwesentlich. Alles, was ewigen Bestand hat, ist wesentlich. Bestand hat das Selbst, alles andere sind immer nur vorübergehende Erscheinungen im Bewusstsein. Es ist dieser Beobachter, der durch Raum und Zeit von einem Körper zum anderen wandert und stets das eine und selbe Bewusstsein ist. Ich kann jederzeit erleben, dass es mich als das Eine gibt, und meine wahre Existenz spüren.

Ich Bin jetzt da, hier und immer ein und dasselbe.

Werde ich mir also meines Selbst bewusst, dann kann ich jederzeit selbst-bewusst leben. Ich erlebe bewusst, dass ich ewig bin und dass meine körperliche Existenz nur eine vorübergehende Erscheinungsform ist. Als Bewusstsein spüre ich auch, dass Bewusstsein nicht krank werden kann, dass mein wahres Wesen nicht nur vollkommen, sondern auch vollkommen gesund *ist*. Wenn ich mich auf das Experiment einlasse, meine Grenzen zu erforschen, erkenne ich, dass ich allumfassend bin. Ich dehne mich über alles hinaus aus und bin voll und ganz grenzenlos.

In mir wie in jedem Menschen gibt es eine Instanz, die alles weiß, die die Lösung für jedes Problem und jede Aufgabe, die jede Antwort kennt und immer dazu bereit ist, mir die notwendige Situation frei Haus zu liefern. Über mein Gefühl kann ich unentwegt Feedback bekommen, sobald ich mich dafür geöffnet habe, die Botschaften auch zu verstehen. Hier kann kein Denken hilfreich sein, nur die Intuition kann das höhere Selbst verstehen. Es ist ein stiller Austausch, der alles frei gibt, was mir hilfreich sein könnte.

Wenn ich mich aber nicht schöpfungsgerecht verhalte, wie soll ich dann Erfüllung erfahren können? Weisheit kennt keine Alternativen und Kompromisse, Weisheit offenbart die Wirklichkeit, die mir jederzeit zur Verfügung steht. Sie ist das, was ich bin, und auch wenn sie noch tief in mir schlummert, sollte mich das nicht daran hindern, nach ihr Ausschau zu halten und sie endlich zu erwecken. Warum oder worauf sollte ich warten?

Ich muss also nichts tun, um in diesen Bewusstseinszustand einzutreten oder um mein Bewusstsein zu erhöhen. Es ist ein sich Öffnen, eine Verlagerung der Achtsamkeit auf das Eine, das Einnehmen einer neutralen Sichtweise: Das bringt das Selbst zum Vorschein.

Das Selbst hervorbringen, das wird nicht getan, es geschieht. Jetzt.

Ich kann weder dorthin gelangen, noch kann ich daraus heraustreten, weil Bewusstsein das Einzige ist, was existiert. Irgendwann erschaue ich mein Selbst und entdecke mein wahres Wesen. Da ist kein persönliches Ich, nur reines Sein, das anwesend ist, ohne dabei wirklich zu sein. Dann bin ich endlich zur Ein-Sicht gekommen und lebe so, wie ich von der Schöpfung gemeint bin. Das ganze Universum ist Bewusstsein und ich lebe von nun an in der Geistesgegenwart, im allumfassenden Bewusstsein des Selbst. Mein ganzes Sein ist liebevoll und segensreich, und wohin ich auch komme, wird die Welt lichter und liebevoller durch meine Bewusstheit sein.

Die Macht unserer Gedanken und Gefühle

Obwohl wir Bewusstsein sind, leben wir in einem Körper. Dieser Körper ist gewissen Programmen unterworfen und ich möchte nun aufzeigen, wie sich diese Programme in uns eingenistet haben. Und natürlich können wir ihnen entgegenwirken, wenn wir wissen, wie wir diesen Programmen begegnen sollten. Wir nehmen im Laufe des Lebens, vorwiegend in der Kindheit und in der Jugend, ganz unmerklich Verhaltensmuster an. Erziehung, Vorbilder und Ereignisse prägen uns – und bald sitzen die entsprechenden Programme hartnäckig in uns fest. Diese Muster, Gewohnheiten und eingeprägten Strukturen gestalten und formen unser späteres Leben. Ob wir es wollen oder nicht, sie laufen automatisch ab, wie ein Film, der seinen Lauf nimmt. Wann immer wir vor einer Entscheidung stehen, schauen wir in unserer Erfahrungskartei nach, was wir unter dem entsprechenden Stichwort gespeichert haben. Dies geschieht unbewusst und ganz ohne unser Zutun.

Wenn diese Erfahrungskartei nicht positiv, lösungsorientiert und erfolgsorientiert ist, nützen weder Wollen noch Wissen, um etwas zu ändern oder zu harmonisieren.

Wir machen im Leben unzählige Erfahrungen, die wir entweder als »positiv« oder als »negativ« bezeichnen. Auch wenn alle Erfahrungen so sind, wie sie sind, also neutral, sind es unsere Sichtweisen und Bewertungen, die die Sache als positiv oder negativ einordnen. Wir empfinden sie aufgrund unserer Erfahrungen als individuell und stempeln sie als »real« ab. Je mehr Erfahrungen wir als negativ empfinden, umso mehr Negativität bleibt in uns abgespeichert. Die Erinnerung an das scheinbar Negative überragt dann und ablehnende Reaktionen bleiben nicht aus. Man geht automatisch auf Distanz, fällt in eine Ablehnung oder Angst oder beginnt, gegen die Dinge anzukämpfen. Man will sich vor etwas schützen, man will etwas ändern, man will sich verbessern etc. Das Ego will ständig etwas, Bewusstsein aber fügt sich, ohne sich zu unterwerfen. Das eine Bewusstsein ist mit allem in Harmonie und gibt sich hin, weil es im Einklang mit allem ist, ohne dabei Unterscheidungen zu machen.

Aus irdischer Sicht sind die Denkstrukturen und Verhaltensmuster so hartnäckig, dass sie sich immer wieder über das Bewusstsein stellen und versuchen, die Oberhand zu behalten. Bleiben diese Muster erhalten und die Strukturen bestehen, werden sie immer wieder zu den gleichen Entscheidungen, Verhaltensformen und Ergebnissen führen. Sobald diese eingefahrenen Denkstrukturen erkannt sind, kann man die weitere Entwicklung des Lebens gewissermaßen steuern. Doch die Denkstrukturen sind sehr hartnäckig und auch nicht so leicht zu durchschauen.

Stellen Sie sich vor, Sie schreiben auf Ihrem Computer einen Brief und drucken ihn aus. Dann entdecken Sie einen Fehler. Sie bessern ihn auf dem Papier aus und drucken auf dem Computer erneut die Taste für den Ausdruck. Natürlich wird derselbe Fehler wieder ausgedruckt. Dieses Beispiel ins Leben übersetzt bedeutet, dass es nichts nützt, wenn der Fehler erkannt worden ist, aber nicht an der ursächlichen Stelle behoben wurde.

Der einzige Weg, damit sich die Welt im Außen verändern kann, besteht darin, das Innere zu erneuern.

Alles, was in uns ist, stellt sich im Außen dar, somit nützt es nichts, im Leben selbst etwas ändern zu wollen. Wollen wir dauerhaft etwas ändern, dann müssen wir die Ursache, unser Denkmuster, also unsere Sichtweise verändern. Der Mensch fragt sich in Missgeschicken immer wieder, was ihm diese Situation sagen will. Er will unbedingt die Botschaft erkennen, um etwas zu ändern. Ich sage Ihnen jetzt Folgendes:

Es gibt keinen Grund für irgendetwas, außer man gibt einer Sache einen Grund.

Ursachenfindung ist also nicht notwendig, denn selbst, wenn Sie einen Grund finden würden, was würde Ihnen das helfen? Kann es an der Situation etwas ändern? Eine »Botschaft« ist eine erfundene Zuordnung, die nur weitere Fragen aufwirft. Sie verleitet einen lediglich dazu, darüber nachzudenken, etwas anders machen zu wollen und sich schuldig zu fühlen. Sie hält einen nur weiterhin in der Täuschung gefangen. Es ist sinnvoll, damit aufzuhören, ständig einordnen und analysieren zu wollen. Sagen Sie sich einfach: So wie es jetzt ist, so soll es auch sein. So Gott will!

Die bereits erwähnte »Erfahrungskartei« entsteht, wenn Erfahrungen sich mit einem starken Gefühl verbinden und zu Überzeugungen werden. Daher besteht eine Erfahrungskartei eigentlich nur aus Überzeugungen, die wir durch praktische Erfahrungen, Erziehung oder durch ein akzeptiertes Vorbild gewonnen haben. Ihre Art zu denken, die zu entsprechenden Gefühlen führt, endet in den entsprechenden Handlungen. Diese Handlungen ziehen wiederum Ergebnisse nach sich, die einem eingefahrenen Muster entsprechen. Da die Gedanken auf Ihrer ganz spezifischen Erfahrungskartei basieren, müssen immer wieder dieselben Gefühle, Handlungen und Ereignisse erfolgen.

Solange Ihre Erfahrungskartei noch nichts zum Autofahren enthält, müssen Sie am Steuer jeden Handgriff denken, bevor Sie ihn tun können. Mit wachsender Erfahrung und Übung entsteht eine entsprechende Kartei und Sie handeln, ohne zuvor darüber nachzudenken. Das ist sehr sinnvoll, weil es Ihren Kopf frei hält, der dann Entscheidungen treffen kann. Mit etwas Übung nehmen Sie eine bestimmte Art Auto zu fahren an, die Sie erst dann wieder ändern können, wenn Sie die entsprechende Kartei geändert haben.

Es ist also entscheidend, dass wir uns überhaupt erst einmal unsere Erfahrungskartei bewusst machen und sie überprüfen, bevor wir sie optimieren können.

Die Erfahrungskartei durchforsten

Was enthält Ihre Erfahrungskartei? Fragen Sie sich zum Beispiel:

- Wie viele Rückschläge haben Sie gespeichert?
- Wurden Sie von Partnern oder Mitarbeitern verletzt, betrogen oder hintergangen?
- Bietet sich Ihnen immer wieder eine unerwartete Chance?
- Ist Ihnen Geld bisher leicht zugeflossen?
- Waren Sie bis jetzt in Betrieben angestellt oder selbstständig Erwerbender?

- Bleiben Sie länger bei einer Sache oder wechseln Sie ständig? Antworten Sie für sich selbst, so offen Sie können.

Alle Antworten auf diese Fragen haben nichts mit Glück, Pech oder Zufall zu tun, sondern es sind stets die Ergebnisse Ihrer inneren Programme, derer Sie sich bis jetzt nicht bewusst waren. Mit einem Ergebnis sollten Sie nicht hadern, Sie sollten eher am Programm etwas verändern, damit der bisherige automatische Ablauf für alles Weitere verändert wird. Die Programme sind transparent oder besser: unsichtbar, doch an den Ergebnissen können Sie sie erkennen. Und somit werden sie auch veränderbar.

Es gibt äußere Gesetze für Erfolg. Diese basieren auf Wissen und Strategien. Es gibt aber auch innere Gesetze und Verhaltensmuster wie Beharrlichkeit, Ausdauer, Optimismus etc. Je nach momentanem Bewusstseinsstand bilden solche Muster einen zähen Nährboden. Sie werden auf Ihre Denkstrukturen und Verhaltensmuster stoßen, wenn Sie sich einmal Ihre Lebensgeschichte mit all ihren prägenden Ereignissen ins Bewusstsein holen. Werden Sie sich aller Aspekte Ihres Lebens bewusst: Beruf, Partnerschaft, Gesundheit etc. Schauen Sie sich alles an. Wenn Sie groß denken und derzeit in beengten Verhältnissen leben, dann wird dieses große Denken sehr schnell dafür sorgen, dass sich die Verhältnisse ändern.

Wenn Sie die Früchte des Lebens verändern wollen, dann müssen Sie bei den Wurzeln beginnen.

Sie wissen selbst nur zu gut, wie mächtig Gewohnheiten sein können und dass sie einen großen Teil des Lebens bestimmen. Das ist auch sehr sinnvoll, damit wir nicht jedes Mal neu entscheiden müssen. Nur wenige Menschen wissen, dass es zwei Arten von Gewohnheiten gibt:

1. Gewohnheiten bezüglich dessen, was wir tun, und
2. Gewohnheiten bezüglich dessen, was wir eben nicht tun.

Die zweite Art der Gewohnheiten ist für Ihren Lebenserfolg wahrscheinlich von größerer Bedeutung. Die meisten Menschen glauben, dass ihr Erfolg vor allem von ihrem Fachwissen und ihren gesellschaftlichen Fähigkeiten abhängt, und versuchen daher, beides zu steigern. Das ist sicher nicht ganz falsch, aber ihr Erfolg hängt viel mehr von ihren unbewussten Programmen ab, die ihre »innere Dimension« bestimmen. Unbewusst werden sie dafür sorgen, dass sich alle Erfahrungen in ihrem Leben innerhalb dieser Dimension bewegen. Ausrutscher nach oben wie nach unten werden sofort korrigiert.

Um eine Veränderung herbeizuführen, sind folgende Voraussetzungen nötig:

1. Ich muss es erkennen.
2. Ich muss es verstehen.
3. Ich muss es einsehen.
4. Ich muss es ändern wollen.

5. Ich muss wissen, was ich will.
6. Ich muss wissen, dass ich es kann.
7. Ich muss mir neue, erwünschte Muster erschaffen.
8. Ich muss sie durch die Macht der Wiederholung verankern.

Allein Ihr Bewusstsein entscheidet, was sich wann und wie im Außen manifestieren wird. Und wer entscheidet, in welchem Bewusstsein Sie sind? Natürlich liegt das an Ihrer Ausrichtung und Ihrer Aufmerksamkeit, die in jedem Augenblick neu justiert werden kann. Wie lange Sie auch immer dazu brauchen, um sich gezielt nach dem Einen auszurichten, spielt überhaupt keine Rolle. Hauptsache ist, Sie tun es.

Natürlich können Sie nicht etwas verwirklichen, was Sie in Ihrem Selbst noch nicht bemerkt haben. Verwirklichung geschieht aus dem Selbst. Auch wenn man glaubt, über den Verstand etwas erreichen zu können, bleibt das doch nichts weiter als eine Einbildung, denn allein das Bewusstsein ermöglicht das, was geschieht.

Wenn etwas fehlt, werden Sie sich also erst einmal geistig bewusst, dass ein Mangel besteht. Sie müssen den Mangel zuerst geistig in das gewünschte Gegenteil umwandeln, bevor sich etwas ändern kann. Ist dies geschehen, ist es geistig bereits verwirklicht. Das heißt, dass Sie aus dem »universellen Möglichkeitsraum« etwas in den »individuellen Möglichkeitsraum« gebracht haben. Erst jetzt kann die erwünschte Erfüllung in Erscheinung treten, und zwar indem Sie sich in Ihrer Vorstellung mit der Erfüllung verbinden. Sie erleben sich in der Erfüllung, fühlen, dass das Gewünschte bereits geschehen ist. Sie lassen es zur inneren Gewissheit werden. Diese innere Gewissheit sollten Sie so lange halten, bis Sie Freude und Dankbarkeit fühlen. Diese Gefühle sind dann sozusagen die Bestätigung vom Leben, dass der Auftrag angekommen ist. Und nun steht der Ausführung nichts mehr im Wege. Der Auftrag ist in Arbeit und wird in Kürze durchgeführt.

Das hört sich nicht nur einfach an, es ist einfach!

Fülle ist ein universelles Prinzip und daher ist es natürlich, in der Fülle zu leben. Stellt sich die Fülle, die Sie anstreben, nicht ein, dann haben Sie einen der Schritte nicht befolgt. Dann muss da eine Schwingung sein, die es verhindert und dagegensteuert.

Wohlstand trägt eine bestimmte energetische Signatur in sich, die das, was wir eben als Wohlstand bezeichnen, in den gelebten Alltag transportiert. Ist diese energetische Signatur des Wohlstands nicht vorhanden, kann sich der Wohlstand auch nicht manifestieren. Es verwirklicht sich immer das, worauf Sie Ihre Aufmerksamkeit richten, also müssen Sie an Wohlstand nicht nur glauben, sondern auch davon überzeugt sein, dass er zu Ihnen gehört. Wollen Sie Wohlstand erfahren, dann müssen Sie sich energetisch darauf vorbereiten und einstellen. Sich darauf vorzubereiten heißt, sich täglich mehrmals mit dem Wohlstand zu verbinden, sich geistig in den Wohlstand hineinzuversetzen und ihn aus der Imagination heraus zu erfahren. Imaginieren bedeutet, vom bereits erfüllten Endzustand aus zu fühlen. Also nichts zu wünschen oder zu wollen, sondern so zu tun, als ob es bereits geschehen wäre.

Zum Beispiel können Sie sich jetzt einmal vorstellen, wohlhabend zu sein. Fragen Sie nicht: »Wie wäre es, wenn ich wohlhabend wäre?« Sagen und fühlen Sie: »Ich bin wohlhabend!« Und nun können Sie überlegen, welche Schritte Sie gehen wollen. Teilen Sie Ihr Geld anders ein. Erleben Sie, wie Sie es ausgeben. Verplanen Sie es. Was tut die Familie damit? Wer verwaltet es?

Wenn Sie sich in den Wohlstand hineinfühlen, könnte man sagen: Sie ziehen am Morgen das Hemd eines Wohlhabenden an und leben dann über den Tag auch so, ohne es wieder auszuziehen. Ertappen Sie sich dabei, plötzlich in ein anderes Hemd geschlüpft zu sein, ziehen Sie sich sofort wieder um. Sie *sind* Wohlstand! Also warum erst darauf warten, dass es auch im Außen so ist? Leben Sie es jetzt und es wird sich sofort wandeln.

Sie wissen bereits: Jeder Mensch ist ein Energiefeld, mit einer ganz persönlichen Schwingung, seiner energetischen Signatur. Wir senden diese energetische Signatur ständig aus und verursachen so die uns entsprechenden Ereignisse. Nach dem Gesetz der Resonanz können wir nur das in unser Leben ziehen, was unserer energetischen Signatur entspricht. Natürlich halten wir auf diese Art und Weise die Dinge zuverlässig fern, die uns nicht entsprechen. Ein Wunsch reicht eben nicht aus. Es muss vorerlebt und gefühlt werden. Man muss schon wissen, warum man sich bisher dafür nicht resonanzfähig gemacht hat. Es ist also die energetische Signatur, die über unseren Lebenslauf bestimmt, auch wenn wir es nicht genau verstehen können, warum denn manche Dinge geschehen und andere wiederum ausbleiben.

Viele Menschen schlüpfen immer wieder gern in die Opferrolle, weil sie sich ihres Schöpferdaseins nicht bewusst sind. Sie erkennen Opfer daran, dass sie immer den anderen die Schuld geben. Der Mann, der Nachbar, das Leben, die Erde oder die Welt sind immer schuld und für das verantwortlich, was ihnen widerfährt. Sie richten ihre Aufmerksamkeit nur auf das Leid und auf das, was sie stört oder schmerzt, ohne nur einen Moment lang innezuhalten und die eigene Sichtweise zu hinterfragen. Umso mehr sie sich beschweren, umso mehr Leid scheint über sie zu kommen. Auch hier funktioniert das Resonanz-Prinzip hervorragend.

Ein Schöpfer jammert nicht, ein Schöpfer *ist*. Ein bewusster Mensch richtet seine Aufmerksamkeit auf Chancen, Möglichkeiten oder Lösungen und zieht damit ständig neue Chancen und Möglichkeiten in sein Leben. Opfer hingegen wollen bemitleidet werden und erregen durch ständiges Jammern Aufmerksamkeit. Sie sehen alles negativ, obwohl ja in allem etwas Gutes steckt.

Ein bewusster Mensch verurteilt einen Menschen, der sich in der Opferrolle befindet, nicht, er lässt ihn so sein, wie er ist. Er beobachtet völlig wertfrei sein Verhalten, weil er weiß, dass jedes Lebewesen auf dem Weg ist, egal wo es steht, was es tut und wie es ist.

Alle äußerlichen Erscheinungen sind nur eine Spiegelung des Einen Bewusstseins, also gibt es auch keinen Unterschied zwischen mir und den anderen. Wir sind alle aus ein und demselben kosmischen Stoff gewoben. Natürlich könnte man die Beschreibung der Opfer- und Täterrollen noch weiter ausführen, da wir uns alle mehr oder weniger mal so und mal so verhalten – je nachdem, wie unsere Prägungen eben auf unser Verhalten einwirken. Doch wir wollen dieses Thema hier nicht weiter vertiefen. Wichtig ist es, sich bewusst zu sein, dass man das Leben ändern kann, wenn man dazu bereit ist. Und das ist der erste Schritt in Richtung Bewusstsein.

Allein das Wissen, etwas ändern zu können, ist tröstlich, es gibt Stärke und Halt.

Erst wenn etwas ist, kann es werden. Ich muss sein, was ich werden oder erreichen will. Ich mache es mir zu eigen, indem ich es ins Bewusstsein nehme, mich ganz damit erfülle und fühle, dass es bereits ist. Ich gehe aus der Vorstellung von einer Sache in den Zustand, in dem es bereits eingetroffen ist, und erlebe mich als Erfüllung, als das erfüllte Selbst. Das heißt im Einzelnen:

- Ich spüre, wie es ist, es erreicht zu haben.
- Ich fühle, wie es ist, am Ziel zu sein.
- Ich erlebe, dass es da ist, und erfülle mich so lange mit dieser Energie, bis ich von Dankbarkeit und Freude durchflutet bin.

Sie können sich auch für ein ganz bestimmtes erwünschtes Ereignis magnetisch machen, indem Sie es geistig in Besitz nehmen. Sich in der schöpferischen Imagination am Ziel zu erleben, bedeutet, es so lange zu erleben, bis dieses starke Gefühl des Glücks und der Freude über allem steht. Da ist nichts mehr, das mich zweifeln lässt. Ich bin mir bewusst, dass es *jetzt* so ist. Ich wiederhole das hier an dieser Stelle, weil es der wichtigste Punkt ist, es vollumfänglich zu spüren. Die Vorstellung, die Gedanken und die dazugehörigen Gefühle müssen miteinander wirken, denn ohne das Ziel zu spüren und wahrhaftig zu erfahren, wird sich auch nichts verwirklichen können. Es reicht nicht aus, die Erfüllung zu glauben, Sie müssen sie verinnerlicht haben.

Wenn Sie dann die bereits erfüllte Situation nicht mehr »abbestellen«, indem Sie einen Zweifel hegen, steht der greifbaren Verwirklichung nichts mehr im Wege. Bleiben Sie in der gefühlten Überzeugung und ziehen Sie das Gewünschte völlig mühelos in Ihr Leben. Lassen Sie sich überraschen, auf welche Weise es kommen wird.

Sie halten diese Energie so lange aufrecht, bis der erwünschte Endzustand eingetroffen ist. Sie müssen nicht ständig daran denken. Es reicht vollkommen aus, sich auf diese Sicherheit, dieses Wohlgefühl und diese gelebte Überzeugung sofort wieder einzustellen, wenn Sie daran denken. Diese Energie der Erfüllung wird für alles sorgen, also lassen Sie alles los und kümmern sich nicht weiter darum. Dieses Gewahrsein ist Ihr Spiegelbild im Außen. Wenn es auf der Kausalebene Wirklichkeit ist, wird es auch bald in Ihr Leben treten. Vertrauen Sie nicht, sondern wissen Sie!

Machen Sie nicht den Fehler, zu all dem zu sagen: Das kenne ich schon. Oder: Das funktioniert nicht! Überprüfen Sie lieber, ob es funktioniert, und Sie werden mir recht geben. Sie sollten weder meine Worte einfach übernehmen noch anderen Menschen Glauben schenken, die sagen, dass es nicht funktionieren kann. Sie müssen es selbst versucht haben, bevor Sie dazu etwas sagen können. Vertrauen Sie niemandem, solange Sie sich nicht selbst von etwas überzeugt haben. Und eines kann ich Ihnen noch sagen: Das Leben schickt Ihnen so lange immer dieselbe Information, bis diese bei Ihnen angekommen ist. Ein und dieselbe Information kommt deshalb immer wieder auf Sie zu, damit sie angenommen wird. Auch hier reicht es nicht aus zu sagen: Das habe ich schon einmal gehört. Um zu sagen, ob Ihnen ein Buch gefällt oder nicht, müssen Sie es ja auch gelesen haben. Der Titel allein wird Ihnen nicht ausreichen, um sagen zu können, ob Ihnen auch der Inhalt gefällt. Es geht auch hierbei immer darum, worauf Sie Ihre Aufmerksamkeit richten. Um aufzuwachen, sollten Sie sie niemals zu sehr im Spiel des Lebens umherirren lassen. Achtsamkeit ist die Verlagerung der Aufmerksamkeit ins Hier und Jetzt. Es ist der Weg des Selbst, der alles Persönliche hinter sich lässt.

Aufwachen aus dem Traum, wach zu sein

Irgendwann auf dem Weg zu uns selbst erkennen wir, dass wir bisher geschlafen haben. Nicht nur nachts, sondern auch tagsüber schlafen wir mit offenen Augen und träumen den Traum des Lebens. Wir glauben, wach zu sein, in Wirklichkeit aber werden wir so lange schlafen, bis wir zu uns selbst erwachen. Leben ist jetzt. Ohne das persönliche Ich könnten wir uns nicht erkennen. Es ist also notwendig, über die Persönlichkeit ins Selbst zurückzufinden. Eigentlich ist es ein Wiederentdecken unserer Ursprünglichkeit. Uns als das ewige Eine zu erkennen, das ist wohl der wichtigste Schritt in unserem Leben.

Da wir aber glauben, in der Realität zu leben, und nicht sofort erkennen, dass wir uns in der Illusion befinden, bemühen wir uns erst gar nicht um den Prozess des Aufwachens. Warum auch? Zuerst müssen wir uns dafür öffnen, der Wirklichkeit zu begegnen. Wie wir an uns selbst erinnert werden, spielt hier gar keine Rolle. Irgendwer oder irgendetwas wird uns eines Tages wachrütteln, und da wir Menschen zu Gemütlichkeit und Trägheit neigen, geschieht dies meist durch schmerzhafte Prozesse. Ist die Schmerzgrenze erreicht, dann geben wir nach und hören damit auf, gegen den Strom des Lebens anzuschwimmen. In dem Moment, in dem wir keinen Widerstand mehr leisten, geschieht das Wunderbare: Wir kommen uns selbst näher.

Sobald wir also unsere uneingeschränkte Aufmerksamkeit auf unser wahres Sein richten, werden wir uns unserer wahren Identität bewusst, denn Bewusstsein ist immer wach und präsent. Bewusst zu sein bedeutet wach zu sein, und diesem Wach-Sein muss eine große Klarheit vorausgehen. Das Denken reduziert sich und steht nicht mehr im Vordergrund. Eine unmittelbare Wahrnehmung tritt hervor und lässt uns die Dinge intuitiv und unverfälscht erfassen. Das persönliche Ich tritt ebenfalls in den Hintergrund, weil es durchschaut worden ist. Solange wir aber glauben, Ego, Körper oder Verstand zu sein, werden die schattenhaften und noch nicht durchlichteten Aspekte über uns herrschen.

Wir brauchen keine endlosen Meditationen auszuüben, sondern »nur« das ganze Leben als Meditation zu erfahren. Leben kann zur Meditation werden! Je achtsamer wir werden, umso intensiver wird auch unsere Wahrnehmung sein. Und genau diese Wahrnehmung ist dafür entscheidend, wie wir das Leben erfahren und wie wir damit umgehen. Sogar der Wunsch nach Urlaub wird sich verflüchtigen, denn wenn wir in jedem Bereich unseres Lebens erfüllt sind, wovon wollen wir uns dann noch erholen? Eine erfüllte Tätigkeit kennt kein »Müssen«, sondern entspricht dem Bedürfnis nach dem Tun. Man könnte sagen, wir haben dann bezahlten Urlaub für immer! Wir unterscheiden nicht mehr zwischen Arbeitszeit und Freizeit, sondern es ist nur noch ein Wirken. Das Leben wird voll ausgeschöpft und die gelebte Hingabe wird Freude und Ausgeglichenheit nach sich ziehen. Wir werden immer wesentlicher, weil wir uns nicht mehr in Oberflächlichkeiten verlieren. Es ist nicht mehr entscheidend, was wir tun, sondern wie wir es tun.

Alles kann erfüllend sein, wenn wir ihm nur die Chance geben und uns nicht dagegenstellen. Was auch immer uns das Leben bietet, kann mit und von unserem ganzen Wesen erfüllt werden. Was auch immer wir tun, wir sind auf dem sogenannten Weg! Wahre Meisterschaft ist aber keine Prüfung, die wir ablegen sollen, und wir bekommen auch kein Diplom, das wir uns an die Wand hängen können. Um zu uns selbst zu erwachen, brauchen wir uns keine Voraussetzungen anzueignen, weil wir alles Notwendige bereits in uns tragen. Wir sind bereits das, was wir suchen, was wir sein wollen und anstreben. Das zu erkennen ist immer nur hier und jetzt möglich, indem wir innehalten und uns der Stille ergeben.

Das, was tief in uns schlummert, kann nicht im Außen gefunden werden. Wenn es bereits in uns ist, dann müssen wir nur danach Ausschau halten – und dies geschieht über das Herz. Das Herz ist die Eingangstür zur Seele, das heißt, dass wir uns nur über das Spüren entdecken können. Je stiller wir innerlich werden und je mehr innerliche Ruhe wir erfahren, umso mehr werden wir auch vernehmen. Und haben wir erst unser Herz entdeckt und damit begonnen, tiefe Gefühle zu entwickeln, dann werden wir uns Schritt für Schritt uns selbst nähern. Alles geschieht auf einem solchen Weg ganz langsam, deshalb sollten wir uns vor allem eines schenken: unendlich viel Geduld! Es gibt keine Ausreden mehr. Es geht endlich wirklich darum, auf seinen eigenen Lehrer, das Selbst zu hören. Bequemlichkeit und geistige Trägheit, ade! Machen wir es uns zur Vision, nach dem Licht in uns selbst Ausschau zu halten. Es gibt nichts anderes zu tun.

TEIL II

Die Gesetze anwenden und leben

Was können Sie tun, um in sich anzukommen?

Welche Praktiken führen zu einem Leben in einem erweiterten Bewusstsein?

Werden Sie zum Lebensmanager!

Die Wirkungsfelder eines Lebensmanagers sind vielfältig. Ich zeige Ihnen hier einige mögliche Bereiche an, über die Sie Ihr Leben erfolgreich steuern können. Alle Schritte und Anregungen sind Ursachen, die Ihnen eine Richtung anzeigen und in einer Wirkung münden werden. Diese Wirkungen können alle Bereiche des Lebens betreffen. Was auch immer Sie ändern möchten, tun Sie es! Es ist ohne Weiteres möglich, alle Wegweiser gleichzeitig zu nutzen und das Leben sozusagen multidimensional zu managen. Sein Leben zu managen oder zu meistern ist ein wichtiger Aspekt, denn das bedeutet nicht nur, dass Sie Ihr Leben selbst in die Hand nehmen, sondern auch, dass Sie alle Möglichkeiten, die Ihnen zur Verfügung stehen, erkennen. Erst wenn Sie sich dessen bewusst geworden sind, gehen Sie zur Praxis über.

Nur gelebtes Wissen ist wertvoll – und darum geht es in diesem zweiten Teil des Buches. Was nützt Ihnen angelesenes Wissen, wenn Sie es nicht direkt in die Tat umsetzen können? Ob Sie es tun, das entscheiden natürlich immer Sie selbst. Doch wenn Sie erst Ihre verborgenen Lebenschancen erkannt haben, dann werden Sie nicht mehr aufzuhalten sein. Überlegen Sie niemals, wie Sie etwas tun, sondern tun Sie es spontan, ohne darüber nachzudenken.

Es geht darum, das Leben bewusst zu führen und die eigenen Lebensabsichten zu erkennen. Ist das erfolgt, dann können Sie zur Tat übergehen. Sie können energetisches Management praktizieren, sich auf das Loslassen konzentrieren oder einfach nur zur richtigen Zeit das »Richtige« tun. Über das alles können Sie hier lesen. Und wenn das Ihre Neugier erwecken konnte, dann können Sie auch erfahren, wie man das universelle Bewusstsein befragt. Mit Hilfe der Ampel-Imagination oder der Blitztechnik des Umkreisens wird Ihnen das sicher gelingen. Noch einige weitere Verfeinerungen im Bereich Optimierung, in Bezug auf das Denken oder die energetische Signatur können Sie sich hier ebenfalls aneignen. Zum Schluss dieses zweiten Teils runden Sie dann in Ihrer ganz individuellen Lebensbilanz eine wichtige Etappe ab. Wählen Sie aus diesem reichen Angebot immer wieder das aus, was für Sie gerade stimmig ist.

Die Schritte zum Erfolg sind nichts Außergewöhnliches, doch das Ergebnis ist sensationell, wenn diese Schritte konsequent gegangen werden. Für vieles in dieser Welt brauchen Sie eine Befähigung, einen Kurs und einen Nachweis. Selbst wenn Sie nur ein Moped fahren wollen, brauchen Sie einen Führerschein. Nur für so etwas Komplexes wie das Leben braucht man eigenartigerweise keine Prüfung ablegen. Und so leben die meisten so vor sich hin, ohne sich groß Gedanken darüber zu machen. Eine werdende Mutter wird auf die Geburt vorbereitet, doch ist das Kind erst da, sind die meisten Mütter mit der Situation überfordert, und kaum noch jemand kümmert sich um sie. Erst nach der Geburt geht es allerdings so richtig los und genau dann bräuchten sie Unterstützung.

Die Menschen haben die grenzenlosen Möglichkeiten des Lebens nie kennengelernt, sie wissen nichts davon und kümmern sich deshalb auch nicht darum.

Deshalb gebe ich Ihnen den Rat, Ihren »Lebens-Führerschein« zu machen. Der befähigt Sie, das Leben wirklich zu meistern, nicht mehr das Beste aus den Gegebenheiten zu machen, sondern sich die besten Gegebenheiten zu schaffen. Alle nachfolgenden Punkte dienen als Übersicht dafür und werden im Laufe des Buches noch näher behandelt.

Die wesentlichen Lebensbereiche

Gehen Sie die folgende Übersicht Punkt für Punkt in Ruhe durch. Vielleicht wollen Sie nach jedem Hauptthema innehalten und in sich hineinspüren, was Ihnen die Worte sagen. Oft sind es nur Stichworte, manchmal Fragen und erklärende Aussagen. Lassen Sie den Text auf sich wirken. Schließen Sie dazu die Augen und lassen Sie Ihrer Intuition freien Lauf. Einige Punkte kennen oder befolgen Sie vielleicht schon, andere nicht. Machen Sie sich bewusst, wie Sie mit all diesen Bereichen umgehen.

Die optimale Grundhaltung im Leben finden und verwirklichen

- Nicht nur existieren und funktionieren, sondern wirklich leben.
- Seine Lebensabsicht erkennen und verwirklichen.
- Seinem Leben einen erfüllenden Sinn geben.
- Seine Mitte finden und in heiterer Gelassenheit in sich ruhen.

Das Leben als Spiel erkennen

- Die Spielregeln des Lebens erkennen. Das ganze Leben ist ein Spiel, darum sollte man die Regeln kennen.
- Erkennen: Beim Spiel des Lebens geht es nicht ums Gewinnen, sondern darum, es zu spielen.
- Das Spiel des Lebens genießen, denn es soll erlebt werden.
- Alle Schwierigkeiten in heiterer Gelassenheit sehen und für das So-Sein des Lebens danken.
- Liebevoll mit dem Ego umgehen.
- Sich jeden Tag die Frage stellen: Habe ich heute schon gelebt?
- Alle Menschen in ihrem So-Sein lieben.
- Sich selbst bedingungslos annehmen, achten und lieben.
- In jedem Augenblick Achtung vor sich selbst und dem Leben haben und sich in sich selbst wohlfühlen.
- Ständig Heilung geschehen lassen.

Sein Leben wirklich führen

- Das Leben, Gespräche, Situationen, Beziehungen, Geschäfte etc. *führen* lernen.
- Zielklarheit schaffen: Wer führen will, braucht ein klares Ziel.

- Ein positives Selbstbild und hilfreiche Überzeugungen schaffen, denn einem jeden geschieht nach seinem Glauben. Das ist ein Gesetz.
- Den optimalen Umgang mit Krisen, Problemen und Schwierigkeiten erlernen und sie als Chance zum Besseren erkennen und nutzen. Jedes scheinbare Problem trägt die optimale Lösung bereits in sich.
- Probleme entstehen durch einen Widerstand. Wer mit dem, was sich ergibt, einverstanden ist, erlebt keinen Widerstand.
- Sein eigener Lebensarchitekt und Zukunftsdesigner werden. Das heißt, sein Leben so zu formen und zu gestalten, dass es einem entspricht.
- In allen Aspekten des Lebens die optimale Lebensqualität erschaffen.
- Vom Beruf über die Berufung zur Erfüllung finden, denn ein Beruf ist etwas, wofür und nicht wovon man lebt.
- Geld nicht mehr verdienen, sondern als automatischen Ausgleich für wertvolles Tun erhalten. Also nicht denken: Was kann ich tun, um Geld zu verdienen? Sondern: Was kann ich für andere tun oder was kann ich ins Leben mit einbringen?
- Als Gewinner leben.
- Die Kunst pflegen, die richtigen Entscheidungen zu treffen und dem Leben die richtigen Anweisungen zu geben.

Den Weg der Freude gehen

- Sich bewusst sein: Dieses Leben findet nur zur eigenen Freude statt.
- Eine Liste von Freuden erstellen und Punkt für Punkt verwirklichen.

- Den Verstand und das Ego als hilfreiche Freunde nutzen.
- So oft wie möglich in sich hineinhorchen und sein Bewusstsein neu ausrichten.
- Sich mehrmals am Tag fragen: Was kann ich für andere und für mich selbst tun.
- In allem die Freude entdecken.

Loslassen, was nicht mehr zu einem gehört

- Die Ursache für Wunder ist Loslassen!
- Raum schaffen für Veränderungen und Neues. Das bedarf des Loslassens aller Unstimmigkeiten.
- Erkennen: Das Gute an den sogenannten Schwierigkeiten ist es, dass sie vorübergehen. Alles vergeht, nur das ewige Sein bleibt bestehen.
- Nicht nur äußere Dinge neu sortieren, sondern vor allem das Innere reinigen. Vom Ärger über das Bewerten bis hin zum Leid, Schmerz und Zorn sollte alles losgelassen werden.
- Die Illusion des Ich ist der Verursacher des Leidens. Es ist die Unwissenheit, die uns Mühsal beschert, da der Mensch nicht weiß, was und wer er ist.
- Wer losgelassen hat, kann sich dem Eigentlichen widmen und sich fragen: Wer oder was bin ich?
- Sich vom Suchen lösen. Der Suchende ist das Gesuchte. Das, nach dem Ausschau gehalten wird, ist das, was man bereits ist. Wir alle sind das Eine Selbst.

Zielklarheit schaffen

- Absicht und Ergebnis in Übereinstimmung bringen.
- Wer weiß und sagt, was er will, der kriegt auch, was er will.
- Konzentration der Kräfte auf das Wesentliche.
- Einmal gründlich Lebensbilanz ziehen (siehe Seite 176).
- Probleme erkennen und lösen, Wünsche erkennen und erfüllen, Ziele setzen und erreichen.
- Probleme als Aufgabe erkennen und darin die Chance entdecken.
- Es gibt immer einen Weg, denn es geht immer weiter.
- Alles, was nicht mit Leichtigkeit geht, loslassen und abgeben. Alle Dinge, die zum eigenen Bewusstsein passen, funktionieren immer mühelos und wie von selbst! Hinter der Mühe steht das Wollen des Ego, das krampfhaft versucht, persönliche Entscheidungen zu treffen, und sich nicht ergeben will.
- Hingabe an das, was das Leben wirklich ist.
- An die eigenen Ziele glauben.

Dem Leben die richtigen Anweisungen geben

- Selbst zur Ursache für den Erfolg werden.
- Das Leben durch Zielklarheit steuern.
- Die Aufmerksamkeit von ungewollten Situationen abziehen und auf gewollte Ereignisse ausrichten.
- Dinge voraus erleben und die alternative Zukunft durch »Anprobieren« gleich prüfen.
- Die schöpferische Imagination nutzen. Das ist die Transformation einer Vorstellung in die Realität: Sie nehmen etwas emotional und bildlich ins Bewusstsein und erleben es als

bereits erfüllt (nähere Hinweise zur schöpferischen Imagination mit der Wunschverwirklichungstechnik auf Seite 139).

- Positive Überzeugungen und ein fester Glaube als Begleiter durch den Alltag wählen.
- Durch ein positives Selbstbild ein Wohlstandsbewusstsein erschaffen.
- Ein bewusster Sender sein und »stimmig« leben.
- Die eigene energetische Signatur immer wieder überprüfen.
- Sympathisch sein.
- Die richtigen Ursachen setzen und die falschen sein lassen.
- Den erwünschten Endzustand geistig in Besitz nehmen.

Sich selbst neu erfinden

- Das »Werkzeug Mensch« optimieren.
- Seine Vision erkennen und erfüllen.
- Entscheiden, was man wirklich tun will. Was macht einen glücklich?
- Sich sein Selbst bewusst machen und optimieren.
- Das Ärgern endgültig verlernen und Humor entwickeln.
- Die Kunst des Genießens den ganzen Tag über zelebrieren.
- Nie mehr »arbeiten«, sondern nur noch bereichernde Tätigkeiten ausführen.
- Jede Angst durchschauen und auflösen. Was ist Angst? Wer hat Angst?
- Jedes Müssen aus dem Leben streichen.
- Den Umgang mit Kritik und Ablehnung optimieren.
- Damit beginnen, in jeder Situation »in den Leerlauf« zu schalten, um den Reaktionszeitraum zu vermindern.

Stress vermeiden

- Sich auf das Wesentliche besinnen.
- Eins nach dem anderen machen.
- Sich nicht hetzen lassen.
- Sich fragen: Was muss wirklich getan werden? Ist es auch wirklich notwendig?
- Sich Ruhepausen gönnen und öfters mal durchatmen.
- Sich immer wieder rückbesinnen und der Alltagsschwere entsagen.
- Sich in die Leichtigkeit des So-Seins hineinfallen lassen, denn dort gibt es so etwas wie Stress nicht. Stress ist nur ein persönliches Empfinden. Wer aus der Persönlichkeit »heraustritt«, wird den Stress hinter sich lassen.

Das Ende des Leidens

- Die Illusion des Ich durchschauen und sich selbst erkennen.
- Bedingungslos Ja sagen zum gesamten Spiel des Lebens. Nur ein »Ich« leidet, ohne das eingebildete Ich ist da keiner, der leiden könnte.
- Sich als Schöpfer erkennen und wählen.
- Sich nicht den ganzen Tag im Verstand aufhalten. Das Denken reduzieren.
- Ins Herz hineinspüren und horchen, was die Intuition sagen will.
- Grundlegende Weisheiten als Wegbegleiter nutzen. Die sogenannten Binsenweisheiten sind wahre Schätze, die sich schon über Jahrhunderte als richtig erwiesen haben. Dazu kann man ein Stück aus einem Buch lesen, das sehr berührt, oder ein Musikstück hören, das das Herz weit werden lässt.

- Sich erlauben, glücklich zu sein
- Seine Selbstwertigkeit entwickeln und schätzen. Zu sich selbst Ja sagen.
- Glück ist das, was man ist. In der Stille wird man ihm begegnen.
- Glück ist nicht von äußeren Umständen abhängig. Glück ist das, was man ist. Glück ist auch, hier sein zu dürfen. Alles andere ist ein zusätzliches Geschenk.
- Das Glück im Jetzt erkennen. Vergangenheit und Zukunft sind nur Projektionen im Bewusstsein.
- Die Hierarchie der Werte bestimmen. Was bedeutet Glück für Sie?

Sein Leben ganz neu konzipieren und manifestieren

- Sein Leben wirklich selbst bestimmen und es als Selbst erleben.
- Schicksal ist »Machsal« und damit nur eine Chance.
- Alles loslassen, was einen noch von sich selbst trennt.
- Sich fragen: »Was gefällt mir an meinem Leben?« Antwortenkatalog erstellen und Schritt für Schritt harmonisierend umsetzen.
- Sich aus dem Gefängnis der Gegebenheiten befreien.
- Eine Lebensbilanz ziehen (siehe Seite 176).
- Programme im Unterbewusstsein durch den kausalen Wandlungspunkt löschen, ändern und umprogrammieren: Wir alle haben einen Punkt an jeder Hand (auf dem Handrücken, zwischen dem kleinen Finger und dem Ringfinger), über den wir durch Klopfen, in Verbindung mit der Vorstellung des

erwünschten Endzustandes, jedes Programm in unserem Unterbewusstsein ändern, löschen oder neu eingeben können. Die Wirkung wird sich bei jedem einstellen, der das konsequent ausübt.

Umgang mit Problemen

- Probleme aus dem Leben entlassen, sie nicht festhalten.
- Die Sichtweise auf die Dinge ändern.
- Weicher werden und sich dem Leben ergeben.
- Erwartungen und Zwänge loslassen.
- Sich fragen: Wie erkenne ich meine Lektion und wie setze ich sie um?
- Ursachen nicht nur auflösen, sondern bewusst neue Ursachen setzen, die ein erwünschtes Ziel nach sich ziehen.
- Mit jedem Auftauchen des Satzes: »Das ist aber nicht leicht!« die Sichtweise überprüfen. Gegenfrage: »Warum mache ich es mir so schwer? Warum will ich es ändern und warum kann ich es nicht akzeptieren?«
- Nicht warten, dass etwas geschieht, sondern zuerst eine Entscheidung treffen und sie dann auch umsetzen. Nur gelebte Worte sind heilig, denn wenn Worte und Vorhaben ungelebt bleiben, sind sie nutzlos.
- Geistigen Sperrmüll loslassen.
- Schatten erlösen und in ihnen das Licht erkennen.

Umgang mit Krisen

- Krisen als Chancen erkennen.
- Eine neue Wahl treffen, denn *krisis* bedeutet »Entscheidung«.

- Hinter die Krise sehen.
- Hinterfragen, wer die Situation als Krise empfindet.
- Sich fragen:»Welche Alternativen bieten sich mir an. Gibt es eine bessere Möglichkeit für mich? Warum halte ich fest?«
- Sich täglich korrigieren:»Was kann ich heute besser machen als gestern? Was kann ich morgen besser machen als heute?«

Die energetische Signatur überprüfen

- Sich seiner energetischen Signale bewusst sein.
- Sich für Lebenserfolg resonanzfähig und magnetisch machen.
- Sich ein Wohlstandsbewusstsein erschaffen.
- Charisma entwickeln.
- Entscheidungen nicht mehr vom Ego aus fällen, sondern sie aus der Seele heraus geschehen lassen. Es ergibt sich von selbst. Man muss nur hinhören und sich den Signalen öffnen.

Das Denkinstrument nutzen und weniger denken

- In den Dingen Lesen und Hinhören bedeutet, mit dem Bewusstsein zu erfassen. Das Zuhören praktizieren.
- Die»Sprache der Lebensumstände« verstehen und befolgen.
- Auch das hören oder lesen, was nicht gesagt oder geschrieben wurde.
- In den Spiegel der Lebensumstände schauen.
- Wahrnehmen statt nachdenken. Nachdenken ist immer ein Zeichen mangelnden Bewusstseins. Antworten aus dem All-Einen sind nicht dieselben wie die, die aus dem Kopf kommen.
- Das Urwissen im Kosmos abfragen. Sich öffnen, Impulse emp-

fangen und entgegennehmen. Alles ist immer gleichzeitig vorhanden.
- Gedankenstille halten.
- Gedanken für die wesentlichen Fragen des Lebens nutzen: Wer bin ich?

Fehler optimal nutzen

- Erkennen: Ein bereits gemachter Fehler ist ein Kapital, das genutzt werden kann. Aus ihm gehen wertvolle Erfahrungen hervor.
- Erst durch Fehler kann ich erkennen: Was fehlt?
- Sich fragen: Wer glaubt einen Fehler gemacht zu haben?
- Es gibt keine Fehler, es gibt nur Menschen, die etwas bewerten.
- Über die Begrenzung der scheinbaren Fehler hinaussehen und die Essenz darin erkennen.

Zu all diesen Punkten werden Sie im weiteren Verlauf des Buches zahlreiche praktische Hinweise erhalten.

So führen *Sie Ihr Leben wirklich*

Niemand käme auf die Idee, ein Auto zu fahren, ohne es zu lenken, weil abzusehen ist, dass er früher oder später im Straßengraben landen würde. Aber genau so leben die meisten Menschen. Doch wenn wir unser Leben nicht lenken, wie soll es dann funktionieren?

Das Leben wartet nur auf unsere Anweisungen und es ist an der Zeit, diese Möglichkeit für uns zu nutzen. Die meisten Menschen wissen leider gar nicht, dass sie diese Wahl haben, und deshalb wählen sie auch nicht. Gerade weil sie nicht wählen, geschieht nichts, und weil nichts geschieht, glauben sie, dass sie keine Wahl haben.

In Wirklichkeit aber haben wir in jedem Augenblick aufs Neue die Wahl. Wir können entscheiden, wie unser weiteres Leben verlaufen soll.

Auch wenn wir nicht wählen, ist das eine Wahl, die entsprechende Folgen nach sich zieht. Viele Menschen leben in einer Stagnation. Früher oder später gelangen fast alle in eine Tretmühle, viele schaffen sich ihr eigenes Dilemma, das ihnen ausweglos vorkommt. Das scheint vielleicht wirklich so, doch man kann immer etwas tun. Nur haben wir nicht gelernt, unser Leben wirklich zu führen. Manche Menschen haben einen Traum. Viele andere leben einfach drauflos, ohne ein Ziel oder eine Perspektive gewählt zu haben. Ob Traum, Ziel oder Perspektive, all das kann eines Tages zerbrechen und die scheinbare »Realität« des Lebens hat uns wieder.

Es ist daher höchste Zeit, dass wir lernen, unser Leben selbst in die Hand zu nehmen und wirklich zu führen. Wenn Sie nicht möchten, dass Ihr Lebenstraum wie eine Seifenblase zerplatzt, dann sollten Sie am besten gleich sofort damit beginnen. Übernehmen Sie also die volle Verantwortung für Ihr Leben, indem Sie sich Ihr Schöpfertum bewusst machen. Fangen Sie *jetzt* damit an, zu bestimmen, was geschehen soll. Das ist der erste Schritt.

Der zweite Schritt heißt, ganz bewusst Ursachen zu setzen für das, was sein soll. Obwohl wir alle Schöpfer sind und alles jederzeit ändern können, leben die meisten in einer für sie nicht zufriedenstellenden Situation. Machen Sie sich einmal bewusst, was Sie alles ändern würden, wenn Sie es in dieser Sekunde tun könnten.

Um unser Leben wirklich führen zu können, brauchen wir zunächst die Erkenntnis, dass es möglich ist. Wir müssen nicht nur davon überzeugt sein, sondern es auch verinnerlicht haben. Da wir Schöpfer sind, verursachen und gestalten wir in jedem Augenblick unsere persönliche Realität. Dies geschieht meist unbewusst, aber es geschieht.

Solange es aber unbewusst geschieht, haben wir keinen Einfluss auf die Art der Umstände, die wir hervorrufen.

Fast alle Menschen erschaffen sich genau die Art von Leben, die sie gar nicht haben wollen, und beklagen sich dann über ihr »schweres Schicksal«. Es müsste aber eigentlich »Machsal« heißen, weil sich ein jeder sein Leben selbst macht, kreiert oder gestaltet. Es gibt im Universum keine Schicksals-Verteilungsstelle, es gibt nur unser So-Sein. Hier entsteht unser Schicksal, und hier und nur hier kann es jederzeit geändert werden.

Um unser Leben wirklich zu führen, brauchen wir aber auch Zielklarheit. Wir müssen wissen, wohin uns unser Leben führen soll, wo wir am Ende angekommen sein wollen. Die meisten Menschen aber wissen gar nicht, was sie wollen, sie wissen nur, was sie nicht wollen. Also müssen sie sich zunächst für ihre Wünsche entscheiden. Eine Entscheidung kann »richtig« oder »falsch« sein, sie kann uns guttun oder nicht. Vielleicht sollten wir deswegen erst einmal überprüfen, wer denn unsere Entscheidungen trifft.

Was will ich? Ist es ein persönlicher Wunsch meines Ich oder ist es etwas, was meinem Selbst entspricht? Natürlich ist jede Entscheidung gewissermaßen richtig, da es ja immer nur eine Erfahrung ist, die daraus folgt. Um uns aber schmerzvolle Erfahrungen zu ersparen, ist es sinnvoll, dass die Wünsche uns auch entsprechen und nicht nur Wünsche des Ego sind. Ego und Selbst sind zwei komplett unterschiedliche Instanzen, und man muss sich entscheiden, ob man weiterhin den starren Weg geht oder ob man auf den biegsameren und angenehmeren Weg seiner Entsprechungen abzweigt. Und so muss man sich für einen dieser Wege entscheiden, da man nicht beide gleichzeitig gehen kann.

Entweder geht man den unpersönlichen Weg der Liebe oder den persönlichen Weg der Dualität. Viele Menschen sind nicht bereit, sich dem Leben hinzugeben und den weicheren Weg ihres Herzens zu gehen, obwohl er wesentlich angenehmer ist. Sie haben Angst oder ihnen fehlt das Vertrauen, und so halten sie an vermeintlichen Sicherheiten fest, die den bisherigen

Wegesrand zierten, weil sie Angst davor haben, die vertrauten Gefilde zu verlassen. Doch was soll schon passieren?

Es ist die Neugier, der wir folgen sollten, um endlich herauszufinden, dass es da etwas noch viel Größeres in uns gibt als einen denkenden Körper.

Jeder Mensch trägt eine tiefe Sehnsucht in sich, und eines Tages wird er ihre Aufforderung hören. Bei manchen ist die Sehnsucht nur leise zu vernehmen, bei einigen ist sie ganz gut wahrnehmbar und bei wenigen ist das laute Rufen zu einem natürlichen Erleben geworden. Dieser Ruf, der uns dazu bewegt, in unser Inneres zurückzukehren, wird sich bei jedem individuell einstellen. Der Ruf, der nicht von dieser irdischen Welt stammt, ist im Stillen ganz klar zu erkennen. Also ist es sinnvoll innezuhalten und der Ruhe Raum zu geben.

Dinge verändern sich. Menschen verändern sich. Die Welt verändert sich. Wünsche verändern sich. Umstände verändern sich. Meinungen verändern sich. Alles verändert sich, weil alles einem ständigen Wandel unterliegt. Veränderung findet immer und überall statt. Was gestern noch galt, kann heute ganz anders sein, und morgen weiß niemand mehr etwas davon. Durch die stete Veränderung wissen wir, dass wir in jedem Lebensabschnitt andere Ziele haben werden. Wir tragen ja auch nicht ständig Schuhgröße 34. Irgendwann sind wir da herausgewachsen und richten uns wieder komplett neu aus. Also ist jetzt das zu tun, was jetzt ansteht und zu tun ist.

Es geht nur darum, den Augenblick mit dem ganzen Wesen zu erfüllen und einfach da zu sein. Vollumfänglich und ganz!

Wenn Bedürfnisse oder Ziele da sind, sollten wir immer wieder überprüfen, ob sie auch wirklich sinnvoll sind. Wenn die Ziele nicht aktuell sind, sollten wir sie aktualisieren und unserem momentanen Sein anpassen. Dazu müssen wir uns Fragen stellen: Bringt mich mein Vorhaben weiter? Bringt es mir wirklich etwas oder ist es nur eine vorübergehende Einbildung, die schon bald wieder verblasst?

Alles, was nicht zu hundert Prozent mit uns übereinstimmt, sollten wir sofort wieder loslassen. Wesentlich ist immer nur das, was unserem wahren Wesen entspricht. Alles andere ist unwesentlich. Wenn wir das beachten, werden wir merken, dass wir unser Leben immer stimmiger einrichten können und uns nicht mehr in unwichtigen Spielereien verlieren. Es ist reine Energieverschwendung, sich mit Dingen auseinanderzusetzen, die jetzt nicht hier sind. Alles, was nicht da ist, was aktuell nichts mit uns zu tun hat, muss uns auch nicht kümmern. Es wäre ja hier, wenn es vom Universum so gedacht wäre. Warum also kostbare Energie vergeuden?

Das Leben zu meistern ist eine Kunst, es ist aber nicht so schwierig, wie man denkt. Meistern wir unser Leben, um ein wahrer Lebensmeister zu werden! Machen Sie sich dafür einmal ein paar grundlegende Dinge bewusst, indem Sie sich fragen:

- Was interessiert mich?
- Was bewegt mich?
- Was erfüllt mich mit Freude?
- Was gibt mir Kraft?
- Wofür liebe ich es zu leben?
- Was ist meine Entsprechung?

Und auf der anderen Seite fragen Sie sich:

- Was fehlt mir?
- Wogegen habe ich einen Widerstand?
- Was sollte ich am besten vermeiden?
- Was ignoriere oder übersehe ich gern?
- Was erlaube ich mir nicht?
- Was lehne ich unbewusst ab?

Haben Sie sich diese Fragen erst einmal gestellt und in sich hineingespürt, wissen Sie zumindest unbewusst, dass Schritte erforderlich sind. Vielleicht sind Ihnen diese Schritte auch sofort klar und Sie beginnen, Ihr Leben wirklich zu meistern.

Tauchen Sie noch einmal in sich ein und fragen Sie sich weiter:

- Welche Konsequenzen sind mir unangenehm?
- Was hindert mich daran, etwas loszulassen?

Haben Sie nun noch tiefer entdeckt, was Sie an der Erfüllung Ihrer Lebensträume hindert, können Sie zielsicher voranschreiten und die aktuell wesentlichen der folgenden Aspekte durchleuchten:

- Was kann ich sofort ändern, abgeben, aus meinem Leben entlassen?
- Was kann ich besonders gut?
- Was fasziniert mich?
- Was möchte ich am liebsten ständig tun?
- Was gibt mir Erfüllung?
- Will ich mein Ego glücklich machen oder mich selbst?
- Bin ich bereits »zu Bewusstsein« gekommen?
- Welchen Erfolg hätte ich gern?
- Welches Symptom habe ich zurzeit?
- Ist meine Beziehung wirklich ideal?
- Treffe ich immer die richtigen Entscheidungen?
- Treffe ich Entscheidungen, weil sie andere von mir erhoffen?
- Folge ich meiner wahren Berufung?
- Lebe ich als Gewinner oder fühle ich mich als Verlierer?
- Habe ich losgelassen, was nicht mehr zu mir gehört?
- Lenke ich meine Aufmerksamkeit bewusst in den Moment hinein?
- Habe ich Ärger und Stress verlernt?
- Bin ich ständig sympathisch und gut gelaunt?
- Lebe ich wohlwollend?

- Optimiere ich meine energetische Signatur regelmäßig?
- Denke ich – oder nehme ich wahr?
- Lebe ich wirklich »stimmig«?
- Genieße und zelebriere ich mein Leben?
- Lebe ich in der Mühelosigkeit und in der Leichtigkeit?
- Lebe ich in der Vollkommenheit und »angekommen«?

Nehmen Sie sich die Zeit und halten Sie bei jeder Frage inne. Schauen Sie in sich hinein und beobachten Sie, was die Sätze in Ihnen auslösen. Machen Sie es langsam und bedacht. Haben Sie keine Eile, sondern nehmen Sie sich die Zeit, um sich genauer zu betrachten.

Wir sind es gewohnt, am Leben teilzunehmen. Doch die Dinge nicht nur zu erleben, sondern wirklich auf uns wirken zu lassen, haben wir verlernt. In der Hektik des Alltags ist das auch nicht verwunderlich. Wir müssen erst wieder zu uns zurückkehren. Diese Rückbesinnung entfaltet sich nur gemächlich. Sie will gehegt und gepflegt werden und benötigt mehrmals täglich unsere Aufmerksamkeit. Es ist etwas sehr Kostbares, Zeit mit sich zu verbringen. Sie werden Antworten, die immer nur im Stillen auftauchen, nur dann wahrnehmen können, wenn Sie ihnen auch den nötigen Raum geben. Also rate ich Ihnen: Nehmen Sie sich die Zeit, die es braucht, um sich dem Wichtigsten zu widmen, das es gibt. Und das sind Sie selbst.

Die Lebensabsicht erkennen und die Botschaften des Lebens erfüllen

Nun haben Sie sicher schon einiges in sich erkannt. Vieles wird Ihnen bewusst geworden sein und vielleicht haben sich durch gewisse Erkenntnisse auch schon ein paar Bereiche Ihres Lebens geklärt. Vielleicht haben Sie aber einfach nur festgestellt, dass Sie an etwas festgehalten haben, das gar nicht mehr zu Ihnen gehört.

Immer wieder geschehen Dinge in unserem Leben, die uns etwas sagen möchten. Um die Botschaften des Lebens wirklich zu erkennen, sollte man sich seines Selbst gewahr werden. Folgende Schritte helfen Ihnen dabei, Klarheit zu bekommen und dadurch offener für die Sprache des Lebens zu werden. Bisher wollten Sie die Sprache des Lebens vielleicht nur verstehen, doch verstanden werden kann sie nicht. Man kann Sie nur tief in sich erfassen, sie fühlen, und dafür bedarf es einer unpersönlichen Wahrnehmung.

Wir alle sind mit einer bestimmten Absicht in dieses Leben gekommen. Ein glückliches und erfülltes Leben kann man nur dann aktivieren, wenn man diese Absicht erkennen und danach auch erfüllen kann. Doch keine Sorge: Auch der längste Weg beginnt immer mit dem ersten Schritt. Die Schritte zur Erfüllung der Lebensabsicht, die ich im Folgenden vor Ihnen entfalte, sollen Ihnen auf Ihrem Weg weiterhelfen:

Der erste Schritt

Ich mache mir bewusst, wer ich bin. Wer ist das, der eine Absicht hat? Wer bin ich wirklich? Als wer oder was lebe ich? Wer bestimmt über mein Leben, das persönliche Ich oder ich selbst?

Lassen Sie diese Fragen tief in sich einsickern und überlegen Sie nicht. Sie werden dafür keine verstandesgemäße oder logische Antwort finden. Stellen Sie die Fragen an Ihr Herz, an Ihre Seele und beobachten Sie, was geschieht. Die Antwort werden Sie nicht wie gewohnt als Wissen erfahren, sondern Sie werden sie fühlen. Wenn Sie sich diese Fragen immer wieder stellen, werden Sie schon bald spüren, was Ihnen Ihr Herz dazu zu sagen hat.

Der zweite Schritt

Was will ich verwirklichen? Was ist meine Lebensabsicht? Erleben Sie in der Imagination noch einmal, weshalb Sie sich für dieses Leben entschieden haben und welche Erfahrungen Sie hier machen möchten. Fragen Sie: Was sind meine Interessen? Was fasziniert mich? Was möchte ich am liebsten den ganzen Tag tun? Was bereitet mir wirklich Freude?

Der dritte Schritt

Was ist meine Berufung? Wozu ruft es mich? Was sind meine besonderen Talente und Fähigkeiten? Was kann ich besonders gut? Was wäre meine Erfüllung? Was könnte sich durch mich erfüllen?

Der vierte Schritt

Was sagt die Sprache des Lebens, die Sprache meiner Freuden, Interessen, meiner Begeisterung oder Abneigung? Meiner Talente und Fähigkeiten? Meiner Probleme, meiner Überzeugungen? Meiner Beziehung? Meiner Gesundheit? Meiner Aufmerksamkeit? Meiner Schwächen und Stärken, meiner Erfolge und meiner finanziellen Situation? Was sagt die Sprache meiner Hobbys? Wobei geht mir das Herz auf? Was inspiriert mich? Was gehört zu mir?

Zwischenstopp

Wenn Sie diese Schritte durchlaufen haben, dann ist es an der Zeit, dass Sie Ihre Lebensabsicht erkennen. Auch ist es an der Zeit zu verinnerlichen, dass Ihr Leben bestimmte Stationen enthält, die zu erfüllen sind, bevor Sie den nächsten Schritt tun können. Werden Sie sich also folgender Punkte bewusst:

- Was sind die prägenden Lebensstationen meines bisherigen Lebens?
- Was ist der sogenannte rote Faden, der sich durch mein Leben zieht?
- Was sagt meine Lebensbilanz? (siehe Seite 176)
- Was sollte ich loslassen?
- Wo stimmt mein Leben noch nicht?

Sind Sie sich dieser Dinge bewusst, kommen folgende Punkte zum Tragen:

- Ich lasse los, was nicht mehr zu mir gehört.
- Ich bereinige die Vergangenheit durch »mentales Umerleben«. Ich gestalte das Gewesene in mir nach meinen Wünschen um. Ich kann mir sicher sein, dass die Vergangenheit vorbei ist und keine Bedeutung mehr für mich hat, außer die, die ich ihr gebe.

Der fünfte Schritt

Auf welchen Platz hat mich das Leben gestellt? Welche Chancen bieten sich mir in meiner Situation? Wie kann ich sie am besten nutzen? Was sollte ich lernen? Was kann ich verbessern? Trainieren? Steigern? Welche Eigenschaften oder Gewohnheiten sollte ich ablegen? Welche annehmen?

Der sechste Schritt

Wie ist meine gesundheitliche Situation? Ernähre ich mich optimal? Was ist zu ändern? Habe ich genügend Bewegung? Was ist zu tun? Denke ich wirklich positiv?

Optimieren Sie ständig Ihr »Erfahrungsinstrument«, den Körper, wandeln Sie Schwächen in Stärken um und setzen Sie sie sinnvoll zur Erfüllung Ihrer Lebensabsicht ein.

Der siebte Schritt

Wie ist meine partnerschaftliche Situation? Lebe ich in einer harmonischen, erfüllenden Beziehung? Kann ich etwas ändern oder verbessern? Wie ist mein Verhalten zum anderen und wie stehe ich zu mir?

Ich wähle meinen Partner ganz bewusst, denn auch dieser ist Teil meiner Lebensabsicht.

Der achte Schritt

Habe ich den natürlichen Wohlstand in meinem Leben verwirklicht? Wo besteht noch ein Hindernis und wie kann ich es beseitigen? Wie kann ich die natürliche Fülle rufen?

Ich sorge dafür, dass ich auf allen Ebenen im Wohlstand lebe, damit ich durch keinen Mangel abgelenkt werden kann.

Der neunte Schritt

Habe ich den gewünschten Erfolg? Genügend Anerkennung? Erreiche ich die Ziele, die ich mir gesteckt habe? Was ist zu tun, um das zu optimieren? Kann ich die richtigen Entscheidungen treffen? Gebe ich dem Leben die richtigen Anweisungen? Bestimme ich meine Zukunft, bevor sie erfolgt? Spiele ich das Spiel des Lebens voller Freude? Verwirkliche ich meine Lebensabsicht?

Ich mache mir bewusst, dass ich das »Drehbuch meines Lebens« jederzeit ändern kann.

Der zehnte Schritt

Was ist mein Wunschtraum? Habe ich überhaupt einen? Was ist zu tun, um ihn auf allen Ebenen zu verwirklichen? Was ist das Ziel meiner Sehnsucht? Wo will ich am Ende angekommen sein? Welche Rolle würde ich am liebsten spielen? Wenn ich zaubern könnte, was würde ich mir erschaffen?

Schreiben Sie nun Ihre »Wunschbiografie«, von heute an bis an Ihr Lebensende. Wie geht es weiter? Was wäre ideal?

Ich gehe ganz bewusst den Weg der Freude und tue nie mehr etwas, das ich Arbeit nennen müsste. Ich gestatte dem Leben, mich für das, was ich mit Freude tue, fürstlich zu bezahlen. Ich tue das, was mir am meisten Freude macht.

Der elfte Schritt

Machen Sie sich im besten Sinne alltagstauglich und lernen Sie, auch Nein zu sagen, wenn etwas für Sie nicht stimmt. Nutzen Sie das Geheimnis des Träumens. Erlernen Sie die Kunst des Alleinseins. Leben Sie wirklich Ihr Leben? Was macht Ihr Leben noch schwer? Warum? Wie sähe Ihr idealer Tag aus? Was ist zu tun, um ihn zu verwirklichen? Fangen Sie an, wirklich märchenhaft zu leben. Was hindert Sie daran, jetzt glücklich zu sein?

Der zwölfte Schritt

Allmählich verändert es sich grundlegend: Ich gehe gelassen durchs Leben. Ich erkenne, dass sich Gewinn und Verlust nicht unterscheiden. Beides ist gleich-gültig, wenn ich mich nicht persönlich damit identifiziere. Beides sind Erfahrungen. Beide Erfahrungen sind wertvoll, selbst wenn ich das nicht erkennen kann. Ich beginne, das Leben zu genießen. Ich entdecke, dass Wege dadurch entstehen, dass man sie geht. Ich lebe mein Leben wirklich. Ich bin kein Ich, sondern das

ICH BIN. Ich trete mein geistiges Erbe an, genau das ist mein Geschenk an die Welt. Ich bin das ewige Seelenlicht, das die Schöpfung in sich trägt.

Der dreizehnte Schritt

Ich vollende die Geburt zu mir selbst. Ich erwache zu mir selbst, als ich selbst! Das Ego ist kein Feind. Es ist mein wichtigster Helfer und Lehrer. Ich strebe das Ziel an, bewusster und achtsamer zu leben, um eines Tages voll und ganz in die Präsenz des Seins einzutreten. Ich lebe im Einklang mit dem Leben. Ich bin ganz bewusst für das wundervolle Geschenk dankbar, das wir »Leben« nennen. Ich nutze die faszinierende Möglichkeit dieses wunderbaren Geschenks, das Leben wahrhaftig zu führen. Ich genieße und erfülle jeden einzelnen Augenblick, damit ich am Ende meines irdischen Daseins sagen kann: »Ich habe wirklich gelebt!«

Lassen Sie sich auch diese Aussagen auf der Zunge zergehen, nehmen Sie sie wie die vorherigen in sich auf, als innere, tief gefühlte Wahrheiten:

- Ich lebe in der Weisheit meines wahren Selbst.
- Ich erkenne, dass alles gut ist, denn alles will mir nur dienen und helfen.
- Ich lese im Buch der Schöpfung und komme zur Einsicht.
- Ich erlebe das Leben als Einweihungsweg.

- Ich nehme die Fülle des Lebens in Besitz.
- Ich lebe voller Energie, Freude und Gesundheit in der Fülle des Lebens.
- Ich bin voller Freude im Einklang mit der Schöpfung, die die Melodie meines Lebens spielt.
- Ich mache aus meinem Leben ein Meisterwerk, denn das Selbst ist der Künstler und das Leben das Kunstwerk.

Der vierzehnte Schritt

Ich vertraue dem Augenblick und lasse mich ganz auf ihn ein. Welche Energiequalität hat er? Wo führt er mich hin? Welche Chance, Aufgabe oder Idee enthält dieser Augenblick? Was würde ich tun, wenn ich nur noch drei Wochen oder Monate zu leben hätte? Warum tue ich das, was ich wirklich will, nicht jetzt? Was hindert mich daran?

Der fünfzehnte Schritt

Was fehlt mir noch, um wirklich märchenhaft zu leben? Beherrsche ich die Kunst des Genießens? Zelebriere ich das Leben und erfülle ich jeden Augenblick? Spiele ich wirklich die Hauptrolle in meinem Leben?

Der letzte Schritt

Ich komme so schnell wie möglich »zu Bewusstsein« und lebe ständig im Bewusstsein dessen, wer ich wirklich bin. Ich erwache zu mir selbst. Ich erkenne, dass ich einmalig bin. Ich bin ein Schöpfer.

Ich erkenne und befolge die geistigen Gesetze und die Botschaften des Lebens. Ich erkenne meinen Seinsauftrag, meine wahre Bestimmung, meine Aufgabe, meinen Weg und mein Ziel. Ich erkenne, dass mein Platz immer genau dort ist, wo ich jetzt bin. Jede Situation entspricht mir voll und ganz. Das Leben kann sich mir nur anpassen und mein Bewusstsein widerspiegeln, das ist das Prinzip. Jedes Problem ist somit auch ein Geschenk des Lebens an mich. Mein Schicksal ist ein Spiegelbild meines So-Seins. Je wahrhaftiger ich bin, umso weicher wird sich mein Leben gestalten, und wenn ich hart bleibe, dann werde ich Härte erfahren. Ich gehe als Meister durch mein Leben. Ich meistere bewusst jede Situation. Alles, was mir widerfährt, bringt mich einen Schritt weiter.

Ich lebe so, dass ich all das vollziehe, was ich als stimmig erkannt habe. Ich erkenne Hindernisse sofort und löse sie auf. Ich vollende die Geburt zu mir selbst!

Das Leben eines Menschen beginnt nicht am Tag der Geburt, sondern in dem Augenblick, wo er »zu Bewusstsein« kommt und sich als seine wahre Wesenheit erfährt. Sobald ich Bewusstheit erlangt habe, kann ich meine Lebensabsicht neu definieren. Vorher wird es nicht sinnvoll sein, weil das Ego meinen Weg bestimmen wird. Habe ich meine Lebensabsicht erst erkannt, dann lasse ich sie durch mich geschehen. Ich bin aus tiefstem Herzen dankbar für das Privileg, leben zu dürfen. Die Krönung meiner Lebensabsicht ist es, im Hier und Jetzt paradiesisch zu leben.

Energetisches Management praktizieren

Wer sein Leben managen will, also den Weg eines Lebensmanagers gehen will, der sollte unverzichtbar und ständig energetisches Management praktizieren. Das heißt vor allem, sein Leben bewusst zu führen. Aber auch ein Gespräch, eine Beziehung, eine Firma, eine Begegnung sollten »geführt« werden. Das Leben wartet nur darauf, dass Sie es bewusst führen. Diese Entscheidung, das Leben ab sofort wirklich in die Hand zu nehmen, erfordert absolute Zielklarheit, denn um etwas führen zu können, benötigen Sie die Gewissheit eines lohnenden Wohin. Sie müssen sich absolut im Klaren darüber sein, was Sie tun und erreichen wollen und was Sie aus Ihrem Leben verabschieden wollen. Geben Sie dem Leben die richtigen Anweisungen, damit es sich wunderbar darstellen kann. Das setzt voraus, dass Sie gelernt haben, stets die richtigen Entscheidungen zu treffen, und zwar in jedem einzelnen Fall.

Zum energetischen Management gehört auch, ständig sympathisch zu sein, liebevoll und wohlwollend zu leben. Das ist die beste Kapitalanlage, ohne jedes Risiko und mit den höchsten Zinsen. Dazu gehört es auch, Ihre Imaginationskraft als bewusstes Schöpfungsinstrument zu nutzen und das in Erscheinung treten zu lassen, was auch immer Sie wollen. Die Regel: Erst gewinnen und dann beginnen, also vom Ziel aus zu handeln, ist ein unumgänglicher Punkt, den Sie unbedingt beachten sollten. Und nicht zu vergessen: die Kunst der Revision anwenden, um alles Geschehene täglich energetisch zu bereinigen. Auch die eigene Überzeugung sollte ständig optimiert werden, denn einem jeden geschieht nach seinem Glauben beziehungsweise seiner Überzeugung. Vor allem sollte das Wahrnehmen das Denken ersetzen und alles als eine Chance zum Besseren erkannt werden. Nur so können Sie es fruchtbar für sich nutzen. Letztlich leben Sie dann automatisch in einer stillen Freude und einer ständigen heiteren Gelassenheit. Ihr momentanes Empfinden wird nicht mehr durch äußere Einflüsse gesteuert und die Ereignisse des Lebens werden Sie nicht mehr herunterziehen und auch nicht mehr himmelhoch jauchzend erfreuen. Es wird sich ein neutraler Gleichklang einstellen, der Sie über alle Unstimmigkeiten hinwegträgt. Selbst wenn etwas geschieht, das Sie früher noch als »schlecht« bezeichnet haben, sind Sie aus der beobachtenden Position heraus jedem Geschehnis gegenüber komplett neutral eingestellt. Sie werden staunen, wie heilend es ist, seiner persönlichen Anwesenheit mit Abstand zu begegnen.

In der Bibel heißt es: »Bittet um das, was ihr wollt, und glaubt, dass ihr erhalten habt, dann wird euch gegeben.«

Es muss zuerst im Geist sein, bevor es gegeben wird. Der Ausdruck: »Es war einmal …«, ist alt und mehr als vorbei. Jetzt heißt es: *jetzt*. Es wird jetzt und es ist jetzt, weil da nur ein Jetzt existiert. Dieses Jetzt hat nichts mit der Zeit zu tun, sondern ist in diesem Falle ein anderer Ausdruck für Bewusstsein. Alles ist ewig und jetzt, und dieses Jetzt hat die Zeit niemals berührt.

Treten Sie in das Abenteuer des Bewusstseins ein, und Sie werden staunen. Die Meister nennen es: »Tue, was du tust.« Das bedeutet, alles, was Sie tun, ganz bewusst zu tun. Es geschieht von selbst und es steckt keine Absicht und kein Wollen dahinter. Es ist ein natürlicher Prozess, ein unwillkürlicher Ablauf, denn Es wirkt andauernd durch uns, wenn wir es nicht blockieren. Und sich dem hinzugeben, was durch uns getan werden will, ist keine Kunst, sondern ein ganz natürlicher Vorgang. Da wir uns unbewusst unnatürlich verhalten, erscheint uns unsere Unnatürlichkeit als völlig normal. Aber ganz ehrlich: Wir sind ver-rückt! Nicht im Kopf, sondern in unserem Wesen sind wir aus unserer Mitte entrückt.

Schenken Sie jedem Atemzug, jedem Handgriff, jeder Begegnung Ihre ganze Aufmerksamkeit, dann werden Sie bemerken, dass Sie nicht mehr abschweifen und Ihre Gedanken Sie nicht mehr verrückt machen können. Wenn Sie von Ihren Gedanken nicht mehr ver-rückt werden, dann sind und bleiben Sie ganz bei sich. Die Stille im Kopf und die Stille im Herzen werden Ihnen auf dem Weg zu sich selbst unabkömmliche Begleiter sein. Ohne Stille kann sich nichts verändern, denn Bewusstsein ist Stille.

Das Eintreten in die ursprüngliche Ebene Ihres Seins birgt eine ganz neue Lebensqualität in sich. Es ist ein Sprung in der eigenen, individuellen Evolution – der Sprung in sich selbst zurück. Dieser Sprung erfordert eine bewusste Anwesenheit. Durch sie werden sich in Ihrem Leben automatisch Bereiche verabschieden, die nicht mehr zu Ihnen gehören. Das Sein hält an nichts fest, sondern beobachtet den Lauf der Dinge. Das bedeutet, dass alles verabschiedet wird, was nicht mehr zu einem gehört.

Loslassen, was das Leben schwer macht

Alles beginnt mit dem Loslassen. Gibt es in Ihrem Leben …

… eine Tätigkeit, die Ihnen keine Freude bereitet?
… eine Beziehung, die Sie an Ihrer Verwirklichung hindert?
… ein Muster oder Denkprogramm, das Ihnen sagt, dass Sie dies oder das nicht tun können?
… Umstände, die Ihr Herz einengen?
… eine Wohnsituation, die Ihnen Kräfte raubt oder in der Sie sich unwohl fühlen?

… familiäre Umstände, die Sie dazu zwingen, immer Dinge zu tun, die Sie gar nicht wollen?

… Situationen, die ständig Anpassung und Unterordnung erfordern?

… Sorgen, Schuldgefühle, Selbstvorwürfe, negative Gedanken, die Sie lähmen?

… gesundheitliche Aspekte, die Sie daran hindern, das zu tun, was Sie tun wollen?

Alles, was Ihr Leben nicht wirklich reicher und erfüllender macht, sollte innerlich losgelassen werden. Auch wenn diese Dinge im Außen sehr real erscheinen und sich für Sie sehr schwierig darstellen, müssen Sie zuerst gefühlsmäßig davon Abstand nehmen. Auch wenn die Dinge noch da sind: Schenken Sie ihnen keine weitere Aufmerksamkeit. Es ist klar, dass Gedanken auftauchen, wenn man einer Belastung ausgesetzt ist, doch wenn Sie diese Gedanken auch noch ausschmücken und weiterführen, dann wird es nur noch ungemütlicher werden. Daher: Denken Sie nicht darüber nach, grübeln Sie nicht, erzählen Sie es nicht weiter und tauschen Sie sich nicht darüber aus.

Jeder Gedanke und jedes Wort gibt den Umständen Energie und nährt sie dadurch.

Sie müssen Ihre Energie voll und ganz vom Belastenden abziehen, um den Umständen den Nährboden zu nehmen. Lassen Sie es einfach los und akzeptieren Sie es, dass es da einen Körper gibt, der mit diesen Umständen konfrontiert ist. Es hat mit ihrem Mensch-Sein etwas zu tun, aber nichts mit dem, was Sie wirklich sind. Also erlauben Sie Ihrer Person, von diesen Dingen umgeben zu sein. Es heißt also nicht: »Mein Hund ist krank, und ich akzeptiere es«, sondern: »*Ein* Hund ist krank, und es geht vorüber.«

Versuchen Sie, Abstand zu den Dingen zu bekommen, denn die Identifikation ist das, was Sie schwächt. Die Bindung zu Dingen ist das, was Sie am Loslassen hindert. Sie wissen aber nur zu gut, dass Sie als Seele nichts mitnehmen können, wenn Ihr Körper zerfällt. Jedes Lebewesen bewegt sich mit der Geburt bereits wieder in Richtung Auflösung des Körpers. Es ist der Lauf der Welt, dass Dinge kommen und gehen, und wir versuchen trotzdem krampfhaft, an ihnen festzuhalten. Sie sind bereits alles, warum also etwas halten oder haben wollen? Sie können nichts verlieren, also lassen Sie los, was nicht zu Ihnen gehört.

Es sind vor allem vier Bereiche, die Sie sofort loslassen sollten: Krankheit, Mangel, Leid und nicht erfüllende Beziehungen. Indem Sie Krankheit loslassen, entsteht Gesundheit. Indem Sie Mangel loslassen, entsteht Wohlstand. Indem Sie Leid loslassen, entsteht Freude, und indem Sie nicht erfüllende zwischenmenschliche Beziehungen loslassen, entsteht Erfüllung.

Wo immer in Ihrem Leben etwas nicht stimmt, haben Sie etwas loszulassen. Dazu gehört auch, sich aus der Ego-Falle zu befreien. In Südindien wendet man eine einfache Falle an, um Affen zu fangen. Man befestigt eine hohle Kokosnuss mit einem Loch an einem Baum und achtet darauf, dass dieser Vorgang von einem Affen beobachtet wird. Dann legt man einen größeren Leckerbissen in die Kokosnuss hinein und geht weg. Der Affe kommt sofort, greift in die Kokosnuss hinein und will den Leckerbissen herausziehen. Mit der Leckerei in seiner Hand bekommt er sie aber nicht mehr aus dem Loch. Dafür müsste er den Leckerbissen loslassen – und das will er auch nicht. So sitzt er in der Falle.

Nach diesem einfachen Prinzip funktionieren alle Fallen. Auch wir wollen im Leben etwas haben und wenn wir daran festhalten, sitzen auch wir prompt in der Falle. Da war ein übereifriger Mann, der alles, was er fand, einsammelte und nichts mehr hergeben wollte. Er hatte die Hände stets voll und war unentwegt damit beschäftigt, sein Hab und Gut aufzustocken. Da kam ihm eines Tages eine liebliche Frau entgegen, die ihm nur allzu gut gefiel. Blöderweise hatte er seine Hände nicht frei, um sie umarmen zu können.

Nur weil das Ego nicht loslassen will, sitzen wir fest. Es sind nicht unbedingt nur die materiellen Dinge, die wir loslassen sollten, sondern vor allem unsere alten Verhaltensmuster und Gedankenstrukturen. Die sollten wir überprüfen. Genau diese drängen uns immer wieder in die gleichen Strukturen und halten uns in unseren Einbildungen gefangen. Wenn blockierende Muster längst überholt sind und nicht mehr zu uns gehören, können wir uns auch von ihnen verabschieden.

Loslassen bedeutet, ungebunden und frei zu sein.

Auch das Ärgern sollten wir loslassen, denn: »Ärger macht alles nur noch ärger.« Wenn ich mich über etwas ärgere, ist es ja noch immer da. Wenn es also unverändert bleibt, wird auch mein Ärger nichts an der Situation ändern. Mit Ärgern bestrafen wir uns nur selbst.

Es ist nicht die Unvollkommenheit der anderen, die uns ärgert, vielmehr ist es so, dass es uns an Einsicht fehlt, den anderen so zu nehmen, wie er ist.

Es ist also immer die eigene Unzulänglichkeit, die uns leiden lässt. Sie brauchen sich weder über den anderen, noch über sich selbst zu ärgern, sondern sollten sich einfach neu programmieren. Ärger tritt ein, wenn etwas nicht Ihren Vorstellungen entspricht. Wer aber hat denn gesagt, dass Ihre Lebenssituation oder die Wesen, die darin mitwirken und vorkommen, Ihren Ideen vom Leben entsprechen müssen? Warum ärgert sich ein anderer nicht? Weil lediglich Ihr Ego ein Problem damit hat, das Leben so sein zu lassen und sich dem hinzugeben, wie es nun mal ist. Ihr Selbst hatte nie ein Problem, wird nie eines haben, und so etwas wie Ärger ist ihm fremd. Sie sind Bewusstsein. Was sich ärgert ist nur das Werkzeug Ihres So-Seins.

Loslassen ist das vielleicht faszinierendste Abenteuer, das das Leben zu bieten hat. Sobald Sie loslassen, wird sich auch im Außen eine Veränderung einstellen. Was sich ganz sicher einstellt, ist eine gewisse Leichtigkeit, die Sie neutraler sein lässt. Das ständige Bewerten und Urteilen versprüht Gift und zeigt Ihnen nur, wo Sie selbst stehen. All Ihre Beschwerden können Sie gleich an sich selbst richten, da Sie immer nur über sich selbst sprechen. Warum? Weil es keinen anderen gibt!

Der andere ist lediglich eine Projektion Ihres Bewusstseins.

Also seien Sie achtsam mit Ihren Kommentaren und lassen Sie auch diese los. Die Welt kann auf viele unsere Meinungen und Feststellungen ganz gut verzichten. Unsere Worte sollten nur Freude transportieren und Herzlichkeit versprühen. Alles andere kann getrost unausgesprochen bleiben.

Zur richtigen Zeit das Richtige tun

Der Lebensmanager lenkt sein Leben nicht nur ganz bewusst, er weiß auch ganz genau, was zu tun ist. Er ist sich bewusst, welche Ursachen er setzen muss, damit die Wirkung eintreffen kann, die er sich wünscht. Wissen Sie denn, was Sie sich wünschen? Wissen Sie, ob Sie in diesem Moment das dafür Richtige tun? Wenn Sie sich unsicher sind, können Sie jetzt überprüfen, ob Ihr Leben und Ihre Umstände *jetzt* für Sie stimmen, denn auch der Zeitpunkt ist ein wichtiger Faktor des Lebens. Auch wenn es so etwas wie lineare Zeit in Wirklichkeit nicht gibt, kommt für uns alle irgendwann der Augenblick, wo sich eine gewisse Bereitschaft in uns einstellt und wir uns dafür öffnen, den Weg der Freiheit zu gehen.

Ihr Alltag ist ein vom Leben liebevoll zusammengestellter Stundenplan, der Ihnen dabei hilft, in bester Weise, Schritt für Schritt, sich selbst zu entdecken. Sie werden andauernd auf sich selbst zurückgeworfen und ständig an sich selbst erinnert. Und es ist möglich, sich zu vergessen, obwohl Sie immer sind, immer schon waren und immer sein werden. Man könnte sagen:

Der Mensch muss sich zuerst vergessen, um sich wieder in Erinnerung zu rufen.

- *Will ich erfolgreich sein,* brauche ich jetzt Konsequenz und Beharrlichkeit. Indem ich einfach nicht aufgebe, bevor ich es erreicht habe, kann ich aus jedem Vorhaben einen Erfolg machen. Ja, mein Erfolg wird unvermeidbar sein. Ich wähle bewusst den Weg der Freude. Und unter dem Motto: »Nie mehr arbeiten, bezahlten Urlaub für immer« (siehe auch Seite 222), entscheide ich mich dafür, endlich meine Berufung zu leben und das zu tun, was mich auf allen Ebenen erfüllt.
- *Will ich gesund sein und bleiben,* dann sollte ich mir gesundheitsfördernde Gewohnheiten zulegen. Ich sollte mich entsprechend gesund ernähren, mich genügend bewegen und mich in Neutralität üben. Vor allem sollte ich zunächst alle meine Gesundheit belastenden Gewohnheiten ablegen.
- *Will ich wohlhabend sein,* dann sollte ich mir vor allem ein umfassendes Wohlstandsbewusstsein zulegen, das jeden Mangel in meinem Leben ganz von

selbst auflöst. Ich sollte meine Einstellung zu Geld und Wohlstand überprüfen und optimieren und mich so für den Wohlstand geradezu magnetisch machen.

- *Will ich in einer harmonischen Beziehung leben,* sollte ich selbst ein idealer Partner sein und in meinem Partner das Wesentliche erkennen und lieben. Sobald ich ein idealer Partner bin, lebe ich in einer idealen Beziehung, denn in einer idealen Beziehung muss immer nur ein Teil ideal sein. Der andere kann dann machen, was er will, es wird insgesamt gut sein.
- *Will ich meine geistige Entwicklung fördern,* sollte ich alles Unwesentliche aus meinem Leben entlassen und mich immer mehr dem wirklich Wesentlichen zuwenden. Innehalten, still sein und nach innen horchen, das sollte mehrmals am Tag mein Bedürfnis sein. Die Achtsamkeit fließt lediglich in den Moment ein und ich richte mich immer wieder nach dem Höchsten aus. Ich lese nur Bücher von Menschen, die gelebtes Urwissen vermitteln. Es ist spürbar, ob verstandesgemäße Anleitungen weitergegeben werden oder ob ich der Tiefe einer erwachten Seele begegne.

Kurz zusammengefasst heißt das alles: Ich sollte mein Leben ganz bewusst in die Hand nehmen und es für mich stimmig gestalten. Es ist wichtig, dass es mir entspricht. Den anderen muss es nicht gefallen, und auch meinem Ego muss es nicht immer gefallen. Das Leben sollte mir entsprechen und sich so zeigen, wie es für mein wahres Wesen fruchtbar ist. Das Leben im Einklang mit der Schöpfung und meinem Sein zu führen bedeutet, sich Gott in sich anzunähern und sich immer wieder gewahr zu sein, was oder wer man in Wirklichkeit ist.

Um im Einklang zu leben, sollte ich auch mein Verhalten entsprechend ändern. Da mein Verhalten von meiner Denkstruktur bestimmt wird, sollte ich auch diese entsprechend überprüfen, anpassen und ändern. Bleibt diese genau so bestehen, führt das immer wieder zu den gleichen Entscheidungen, die das gleiche Verhalten nach sich ziehen, und auf dieses Verhalten folgt wiederum dasselbe Ergebnis. Der Kreis kann nur durchbrochen werden, wenn ich an die Ursache herangehe und genau betrachte, warum sich die Dinge immer so ähnlich entwickeln.

Die Denkstrukturen sind die Grundlage meiner Entscheidungen und bestimmen über mein Leben. Sie können jederzeit geändert werden, aber das ist erst dann möglich, wenn ich weiß, dass es sie gibt und dass ich die Wahl habe, eine Veränderung herbeizuführen. Dann ist es meine Entscheidung, ob und wann was geändert wird – und von einem Augenblick zum anderen trete ich in ein ganz anderes Leben ein. Das Wort »Leichtigkeit« hat für mich allmählich eine spürbare Bedeutung, und ich kann das Licht nicht nur erblicken, sondern ihm auch folgen, um ihm eines Tages zu begegnen. Dann kann ich mich in das Licht, das ich bin, zurückfallen lassen.

Das universelle Bewusstsein befragen

Wer sein Leben managen will, sollte sich Zugang zu seinem Bewusstsein verschaffen. Die Weisheit des universellen Bewusstseins ist uneingeschränkt und allumfassend. Alles, was im Universum existiert, schwingt, und alles hat seine ganz besondere Frequenz. Jede Änderung Ihres Bewusstseins hat eine sofortige Veränderung der Schwingung zur Folge. Das universelle Bewusstsein, das durch Sie in Erscheinung tritt, weiß, was für Sie stimmig ist. Es zeigt ein »Richtig« genauso verlässlich an wie ein »Falsch«. Alles, was wir erleben, hat eine sofortige Wirkung auf den Körper, und über bestimmte Indikatormuskeln kann uns unser Instrument Körper aufzeigen, ob etwas stärkend oder schwächend auf uns einwirkt.

Testen Sie doch einmal eine bestimmte Nachricht in der Zeitung oder im Fernsehen daraufhin, wie sie auf Sie wirkt. Auch die Stimme eines Menschen hat eine sofortige Wirkung auf uns. Verblüffend ist, dass fast jeder Mensch es bei genauerer Betrachtung als schwächend empfindet, wenn er seinen Namen hört. Dabei sollten Sie bedenken, dass alles, was Sie schwächt, ärgert, kränkt, verletzt oder enttäuscht, lediglich auf einen Mangel, auf ein Urteil und damit auf eine Aufgabe aufmerksam macht.

Der Armtest

Einer der deutlichsten Indikatormuskeln ist der Armmuskel *Deltoideus*, der Deltamuskel der Schulter. Halten Sie zum praktischen

Test einen Arm seitlich waagerecht und lassen Sie jemanden auf der Höhe der Handwurzel versuchen, Ihren Arm nach unten zu drücken – zunächst nur einige Zentimeter, um den Grad der Spannung im Normalzustand zu prüfen. Dabei sollten Sie noch nicht an das denken, was Sie testen wollen. Bleiben Sie vorerst ganz neutral und denken Sie am besten an gar nichts.

Dann nehmen Sie ein persönliches Problem, eine wie auch immer geartete Situation, ein Nahrungsmittel oder ein Medikament in Ihr Bewusstsein. Sobald Sie das klar vor Augen haben, lassen Sie sich wieder auf den Arm drücken und Sie werden sofort einen deutlichen Unterschied spüren. Sie haben das Gefühl, dass der andere stärker oder schwächer drückt, weil Ihr Bewusstseinsinhalt Ihren Muskel stärkt oder schwächt.

Sie können sich im Falle Ihres Problems dann auch eine Lösung vorstellen und testen, ob es ein wirklicher Ausweg ist. Wenn ja, dann werden Sie deutlich stärker reagieren. Sie können den Test wiederholen, wenn Sie das Problem gelöst haben, um zu sehen, ob es wirklich restlos gelöst ist, denn dann wird es Sie deutlich stärken, wenn Sie daran denken.

Sie können auf diese Art und Weise auch Stress oder Belastungen lindern, indem Sie sich die Situation vorstellen, dabei aber die beiden sogenannten Stirnbeinhöcker halten. Diese liegen über den Augenbrauen in der Mitte der Stirn. Sie halten die beiden Punkte so lange, bis Sie die Situation nicht mehr schwächt.

Wichtig bei allen Überprüfungen ist zu wissen, als wer Sie testen, denn die Antwort entspricht immer dem Bewusstsein des Fragestellers. Für persönliche Vorlieben ist hier kein Platz. Der Test spiegelt immer nur Ihr Bewusstsein wider, wobei der irdische Bereich sozusagen ausgeblendet wird. Auch wenn es bei Ihren Fragen um irdische Dinge geht, ist die Antwort immer für Ihr Bewusstsein passend. Es wäre also auch möglich, dass Sie mit einem Ergebnis nicht ganz einverstanden sind, aber glauben Sie mir, Ihr Bewusstsein weiß immer, was für Sie gut ist. Es liegt niemals falsch. Dieser sehr einfache Test zeigt unmittelbar und unverfälscht die individuelle Wahrheit an. Seine Nützlichkeit für die Ausrichtung des eigenen Lebens ist enorm. Viele Antworten werden Ihnen damit hilfreich zur Seite stehen.

Lassen Sie uns einmal gemeinsam ein Beispiel durchspielen:

Fragen Sie sich: »Stimmt es jetzt, Fragen zu stellen?«, dann testen Sie die Aussage: »Es stimmt jetzt, Fragen zu stellen.« Der Test überprüft immer eine Behauptung. Es sollte aber auch jeweils die gegenteilige Aussage getestet werden. Die Antwort ist nicht Ja oder Nein, sondern gibt an, inwieweit die Aussage für Sie stimmig ist. Ist sie es, ist Ihr Arm stark, ist sie es nicht, schwächt sie Sie und der Arm kann leicht nach unten gedrückt werden.

Es sollten keine allgemeinen Behauptungen, wie beispielsweise »Dieser Job ist gut für mich«, getestet werden. Lassen Sie Ihrem Werkzeug die Chance, dafür oder dagegen zu stimmen. Denn was bedeutet »gut«? Ist der Job gut für mich, weil er finanziell gut für mich ist? Oder vielleicht gesundheitlich? Oder ist er ein Sprungbrett in die Zukunft? Oder werde ich nette Kollegen haben? In welcher Hinsicht ist er gut? Sie sehen, dass diese Aussage nicht sehr hilfreich ist, da sie zu allgemein ist und nicht wirklich etwas auszusagen hat.

Ein Tipp

Wer nicht ausreichend bewusst und »bei sich« ist, kann den Test nicht nutzen, weil der Kontakt von Körper und Bewusstsein dann gestört oder gar unterbrochen ist. Das kann vorübergehend harmonisiert werden, indem Sie die Thymusdrüse an Ihrem Brustkorb klopfen.

Haben Sie Geduld, machen Sie den Test dann, wenn Sie das Gefühl haben, bereit dafür zu sein. Rom ist auch nicht in einem Tag erbaut worden. Es spielt keine Rolle, in welcher Geschwindigkeit der Einzelne zu Bewusstsein kommt, da wir sowieso alle eines Tages wiederentdecken werden, was wir längst schon sind. Geben Sie sich die Zeit, die Sie brauchen. Es ist kein Wettkampf, sondern ein natürlicher Entwicklungsprozess, der sich individuell und ganz automatisch einer jeden Seele anpasst.

Um auszuschließen, dass das Ego sich einmischt, können zwischendurch Fragen gestellt werden, ohne dass der Getestete von den Inhalten weiß. Zum Beispiel könnte der, der den Arm drückt, einen zu testenden Gedanken zunächst für sich behalten und sagen: »Das, was ich denke, ist für dich richtig!«

Die Ampel-Imagination

Es gibt eine weitere Möglichkeit, vom universellen Bewusstsein Antworten zu erhalten: die sogenannte Ampel-Imagination.

Ampel-Imagination

Sie können diesen Test rein geistig nutzen, indem Sie sich eine Verkehrsampel vorstellen. Nehmen Sie eine Absicht in Ihr Bewusstsein und schauen Sie dabei auf diese innere Ampel. Schauen Sie einfach zu, welches Licht aufleuchtet, wenn Sie an Ihr Vorhaben oder eine bestimmte Frage denken. Lassen Sie das Bild der Ampel ganz deutlich werden, sodass Sie das Licht klar erkennen.

- Rot bedeutet: Nein, Vorsicht, Achtung, falsch!
- Gelb bedeutet: Aufpassen!
- Grün bedeutet: Ja, richtig, gut!

Leuchten Grün und Gelb gleichzeitig, heißt das: Im Prinzip Ja, aber es sind gewisse Dinge zu beachten. Wenn Rot und Grün gleichzeitig leuchten, dann bedeutet das: Eigentlich klar Nein, aber unter ganz bestimmten Umständen ist es doch möglich.

Um diese Intuitionshilfe nutzen zu können, sollten Sie sich bei Entscheidungen immer wieder das Bild der Ampel mit der Farbe, die sie gerade anzeigt, bewusst machen. Das führt dazu, dass das Bild der Ampel in Ihrem Bewusstsein auch dann aufsteigt, wenn Sie gar nicht gezielt danach fragen. Irgendwann zeigt sie dann bei allem auf, was das Eine Sein zu dem zu sagen hat, was Sie gerade umtreibt.

Sie können auf diese Weise testen:

- Ob Sie ein bestimmtes Nahrungsmittel stärkt oder schwächt.
- Ob ein Medikament hilfreich für Sie ist.
- Ob eine bestimmte Musik Sie stärkt oder schwächt.
- Ob ein Kleidungsstück stärkend wirkt oder nicht.
- Ob Ihr Auto, Ihre Brille, Ihre Uhr oder Tapete Sie stärkt.
- Ob Ihnen ein bestimmtes alkoholisches Getränk bekommt.
- Ob Ihr Urlaubsort stärkend wirkt.
- Ob Ihr Haustier Sie stärkt oder schwächt.
- Ob Ihre Tätigkeit stärkend auf Sie wirkt.
- Wie Sie auf eine bestimmte Person reagieren.
- Wie Sie auf ein bestimmtes Bild reagieren.
- Wie Ihr Parfüm, Ihr Duschgel oder Ihr Rasierwasser auf Sie wirkt.
- Wie Sie auf Ihren Namen reagieren.
- Ob Ihr Bett Ihnen einen gesunden Schlaf ermöglicht.
- und so weiter.

Sie können so alle Lebensumstände testen und erkennen, welche Wirkung im Einzelnen entsteht. Sie wissen sofort, ob Ihnen etwas guttut oder ob etwas Ihre Energie schwächt. Wenn etwas Rot zur Anzeige bringt, dann kann es für Sie nicht gut sein. Alle Aspekte Ihres Lebens können ausnahmslos getestet werden. Auch die Bücher, die Sie lesen, Fernsehsendungen oder ein Gespräch können Sie mit dieser einfachen und effektiven Möglichkeit einschätzen.

Wichtig dabei ist aber, als wer Sie testen, auf welche Identifikation Sie gerade Ihr Bewusstsein richten.

Es kann sein, dass Sie ganz andere Ergebnisse bekommen, wenn Sie mit dem Verstand als Person testen, als dann, wenn Sie es aus dem Bewusstsein heraus geschehen lassen. Bevor Sie testen, konzentrieren Sie sich daher am besten zuerst auf die Identität, für die Sie eine Antwort suchen. Dehnen Sie sich aus, spüren Sie in sich und lassen Sie Ihre Persönlichkeit außen vor. Nur Ihr Bewusstsein wird Ihnen wirklich helfen können. Ihr Verstand hingegen kann die wahre Antwort nicht wissen. Vertrauen Sie deshalb auf Ihre Intuition und Ihre innere Führung.

Zum Training der Ampel können Sie sich in den verschiedensten Lebenssituationen immer wieder dieses Bild bewusst machen und schauen, was in diesen Momenten angezeigt wird.

Manche Menschen, insbesondere Frauen, tun sich leichter, die Farben auch zu *fühlen*. Dabei können feinste energetische Unterschiede wahrgenommen werden. Dann ist die Antwort ein einfaches Ja oder ein Jaa oder gar ein JAAA! Das Gleiche gilt für ein Nein. Aber auch bei der Farbenergie Gelb gibt es viele Unterschiede: Ist Vorsicht wegen einer beteiligten Person geboten oder stimmt der Zeitpunkt nicht? Ist es nur ein Vorsicht oder ein VORSICHT oder gar ein VOORSICHT!!? Verschwindet die Vorsicht, wenn Sie einen Grund erkannt haben, oder gibt es mehrere Gründe, die Sie zu beachten haben? Wer die Antwort energetisch wahrnehmen kann, ist also deutlich im Vorteil, weil er nicht nur »richtig« und »falsch« voneinander unterscheiden kann, sondern auch noch die feinen Nuancen der Antworten erspürt.

Es ist schon großartig, wenn ein Nein oder ein Ja ganz klar erspürt, erfasst, erfühlt oder wahrgenommen werden kann. Aber wie bereits gesagt: Lassen Sie sich alle Zeit der Welt und wachsen Sie in Ihrem Tempo in diese wunderbare Übung hinein. Erwarten Sie nicht zu viel von sich. Wenn Sie sich unter Druck setzen, wird es nicht funktionieren. Gehen Sie deshalb immer wieder neu und mit Leichtigkeit an die Sache heran und beobachten Sie einfach, was passiert. Sie werden sehen: Eines Tages klappt es ganz von selbst.

Die Blitztechnik des Umkreisens

Wenn Sie darin erfolgreich waren, Antworten auf Ihre Fragen zu bekommen, dann können Sie Ihr Ziel nun energetisch manifestieren. Wenn Sie sich Ihres Vorhabens also absolut bewusst sind, dann können Sie sich mit der folgenden Möglichkeit für Ihren »stimmigen« Wunsch resonanzfähig machen. Das Manifestieren besteht immer aus mehreren Schritten. Bevor etwas in Erscheinung treten kann, muss es energetisch vorhanden sein. Die »Blitztechnik des Umkreisens« ist ein ganz einfaches Mittel, um die Vorstufe des Manifestierens zu vollziehen. Durch diese spezielle Technik können Sie einen erwünschen Endzustand »in Besitz« nehmen. Das hört sich nicht nur verlockend an, es ist auch sehr wirksam und nebenbei absolut einfach durchzuführen.

Die Blitztechnik des Umkreisens

Schreiben Sie den erwünschten Endzustand auf ein Blatt Papier, am besten genau in die Mitte. Versuchen Sie Ihren Wunsch mit so wenig Worten wie möglich zu erfassen. Es sollte so klar und genau wie möglich formuliert werden, aber nicht länger sein als ein Satz, im Idealfall nur ein Wort. Optimieren Sie Ihre Formulierung so lange, bis sie energetisch stimmt, damit Wort, Bild und Erwartungen im Einklang sind.

Schauen Sie nun auf das, was Sie geschrieben haben, und »sehen« Sie es bildhaft verwirklicht vor sich. Sehen Sie, wie es bereits erfüllt ist. Versenken Sie sich ganz in das Bild des erfüllten Endzustandes. Dann beginnen Sie das Geschriebene links herum, also gegen den Uhrzeigersinn, zu umkreisen. Lassen Sie sich dabei nicht vom Geschriebenen oder von Gedanken ablenken, sondern geben Sie sich ganz dem Umkreisen hin. Das Umkreisen lenkt Sie vom Denken ab, und je mehr Sie vom Verstand weggehen, umso mehr können Sie sich für andere Dimensionen öffnen. So können Sie sich als reines Bewusstsein mit der

Erfüllung des Geschriebenen verbinden und diese Verbindung so lange halten, bis der Wunsch seine Erfüllung auch im Außen gefunden hat. Das Linksherum-Kreisen bewirkt immer das Annehmen. Rechtsherum bewirkt es hingegen ein Loslassen.

Dass sich Ihr Wunsch erfüllt hat, können Sie daran erkennen, dass Sie ein starkes Gefühl der Freude empfinden und nachfolgend von tiefer Dankbarkeit erfüllt sind. Das sind die Zeichen dafür, dass die Erfüllung auf geistiger Ebene bereits geschehen *ist*. Ihre Selbstversunkenheit bewirkt, dass sich das Geschriebene von einer Möglichkeit zur erlebten Realität wandelt und in Ihrem Leben in Erscheinung treten kann. Wenn Sie spüren, dass es bereits geschehen ist, bleiben Sie noch eine Weile in der Gewissheit der Erfüllung. Freude und Dankbarkeit werden Ihnen bestätigen, dass das Erwünschte nun ein Teil Ihres Lebens geworden ist.

In der Gewissheit des Glaubens, dass es bereits geschehen ist, bleiben Sie so lange in der Energie, bis es auch äußerlich in Ihr Leben tritt. Das bedeutet, dass Sie jedes Mal, wenn Sie daran denken, die Gewissheit des Glaubens ein weiteres Mal vertiefen und sich wieder und wieder in das Gefühl der freudvollen Dankbarkeit hüllen.

Mit dieser wunderbaren Hilfestellung werden Sie das Gewünschte in Ihr Leben ziehen, und das Leben kann gar nicht anders, als es Ihnen frei Haus zu liefern. Dieser Ablauf unterliegt einer Gesetzmäßigkeit des Universums, die immer funktioniert – in jedem einzelnen Fall. Die gefühlte Freude und die Dankbarkeit sind die

Auftragsbestätigung des Lebens. Sie sagen Ihnen, dass Sie vertrauen können. Der Auftrag wurde angenommen, ist bereits in Arbeit und wird in Kürze als Ihre erlebte Realität in Erscheinung treten.

Ihre momentane Bewusstheit ist für Ihre derzeitige Lebenssituation verantwortlich. Umstände, Ereignisse und Begegnungen, die Sie als Ihre Realität erleben, können immer nur Ihrem momentanen So-Sein entsprechen. Sie wollen Ihr Leben ändern? Das geht nur dann, wenn Sie ab sofort aus Ihrem bewussten Sein heraus wirken und Ihr persönliches Ich durchschauen. Dann wird sich im gleichen Augenblick Ihr Leben wandeln. Ihre neue und eigentlich ursprüngliche Realität wird in den Vordergrund treten und Ihr Leben neu gestalten und formen. »Realität« entsteht immer im Inneren und tritt erst danach im Außen in Erscheinung. Da so etwas wie Zeit nicht real ist, kann die Erfüllung verschiedene Zeiträume in Anspruch nehmen. Haben Sie also Geduld und bleiben Sie im Vertrauen, dann wird sich alles ergeben. Wenn Sie im Vertrauen bleiben und in der Sicherheit leben, dass es bereits geschehen ist, wird auch dieser Zeitraum wie im Flug vergehen.

Das Geheimnis, warum einige Menschen immer alles erreichen, was sie wollen, und andere versagen, liegt darin, dass dieser Prozess einigen Menschen natürlich vorkommt und einigen nicht. Die meisten Menschen vertrauen dem Verstand mehr als sich selbst, und genau das ist das Grundübel. Es gibt also zwei

Richtungen, denen Sie sich zuwenden können: dem Denken oder dem Fühlen. Ein Magnet kann auch nicht in zwei Richtungen gleichzeitig wirken. Ziehen Sie Fülle an oder stoßen Sie sie ab? Richten Sie sich nach innen aus oder orientieren Sie sich nur am Außen? Gewinnen Sie zuerst in der Fantasie und verwandeln damit alles, was vor Ihnen liegt und Ihnen wichtig ist? *Führen* Sie Ihr Leben bewusst?

Das Denkinstrument wirklich beherrschen

Sie haben nun schon einige Einblicke bekommen, wie Sie Ihr Leben managen können. Doch auf dem Weg zum bewussten Sein steht Ihnen vielleicht wie so vielen Menschen der Verstand im Weg. Doch auch der kann zum Verbündeten werden, er sollte kein Feind sein. Schließlich können Sie Ihr Denkinstrument auch ganz gezielt einsetzen. Nutzen Sie die Kraft des Denkens, denn auch damit wird sich Ihr Leben wandeln.

Es ist so, dass wir Gedanken nicht sehen und nicht anfassen können, und doch wirken sie und bestimmen den größten Teil unseres »Schicksals«. Gedanken können uns zu höchsten Leistungen anspornen, aber auch krank machen. Wir denken etwa 50 000 Gedanken am Tag, die meisten sind eher negativ und wirken somit belastend auf uns. Jeder einzelne Gedanke, den wir aussenden, kehrt in jedem Fall zu uns zurück. Das bedeutet, dass jeder Gedanke einen Einfluss auf unser Leben hat, ohne dass wir das bewusst wahrnehmen können. Ob das nun als Ereignis, als Emotion oder als Begegnung geschieht, die Energie des Denkens wird sich auf irgendeine Art und Weise manifestieren. Ein belastender Gedanke wird natürlich weitere Belastungen erzeugen und ein gut gesinnter und fröhlicher Gedanke wird Wohlwollendes nach sich ziehen.

Deswegen sollten wir uns fragen, ob wir es uns wirklich leisten können, den ganzen lieben langen Tag einfach so vor uns hin zu denken.

Wenn das Denken unser Schicksal bestimmt, wäre es dann nicht sinnvoll, mit unserem Gedankengut bewusst umzugehen, beziehungsweise bewusst Gedanken zu erzeugen, die etwas Wünschenswertes in unser Leben ziehen? Gedankendisziplin ist der Schlüssel zu unserer inneren Schatzkammer, der Macht unserer Gedanken. Unsere Gedanken bestimmen also unser Leben, wir aber können unsere Gedanken bestimmen. Wir können in jedem Augenblick Gedanken erschaffen, um unser Leben zu verwandeln. Ein guter Zeitpunkt wäre es, sofort damit zu beginnen.

In jedem von uns schlummern Kräfte und Fähigkeiten, von denen die meisten Menschen nicht einmal zu träumen wagen. Das Ausmaß der latenten Talente ist weitaus größer, als man bisher ahnte, und der menschliche Geist ist erst zu einem ganz geringen Teil entfaltet. Aber mit dem Geist ist es wie mit einem Fallschirm: Er nützt nur etwas, wenn er sich entfaltet!

Ungeahnte Möglichkeiten haben wir bisher nicht genutzt, weil wir sie noch gar nicht entdeckt hatten. Doch obwohl wir bisher nur einen geringen Teil unseres geistigen Potenzials nutzen, haben wir bereits Großartiges geleistet. Das lässt uns erahnen, was uns erst erwarten wird, wenn wir unser ganzes latentes geistiges Potenzial aktivieren. Um diese Fähigkeiten zu erwecken, braucht es keine geheimen Einweihungen, sondern Sie können gleich damit beginnen. All die Angebote in diesem Buch weisen Ihnen den Weg.

Es ist immer wieder überraschend, mit wie vielen interessanten Dingen sich die Menschen beschäftigen und wie wenig Menschen sich mit dem interessantesten, nämlich mit sich selbst befassen. Tagein und tagaus widmen wir uns größtenteils den vergänglichen Dingen und sind damit so sehr beschäftigt, dass wir das Unvergängliche komplett vergessen. Dass wir so wenig von den unbegrenzten Möglichkeiten des menschlichen Geistes wissen, heißt aber auch, dass wir uns vielleicht deshalb nicht damit auseinandersetzen. Würden wir nur annähernd erahnen, welche Kräfte in uns schlummern, wir würden uns nur noch um uns selbst bemühen und nach dem Einen Ausschau halten. Alles andere, und das heißt auch: unser Leben, würde dann zum Selbstläufer und wesentlich harmonischer ablaufen.

Wir meinen immer, dass es unser Zutun braucht, damit sich im Leben etwas bewegt. Aber oft ist es gerade dieses Zutun, das genau das verhindert, was ansonsten leicht und natürlich geschehen könnte. Zweifellos sind wir in der glücklichen und einzigartigen Lage, gewisse Dinge zu steuern, die Frage ist nur: Wer steuert? Ist es das Bewusstsein, das die Dinge einfach geschehen lässt? Inwieweit hat unsere persönliche Absicht tatsächlich einen Einfluss auf ein Ergebnis, welches das Ego gern erzielen möchte? Sich solche Fragen zu stellen, kann Sie enorm weiterbringen.

Optimieren Sie Ihre energetische Signatur

Über die energetische Signatur, Ihre Ausstrahlung, habe ich im ersten Teil des Buches bereits geschrieben. Hier möchte ich dieses Thema noch etwas vertiefen, denn es ist Ihre energetische Signatur, die dafür verantwortlich ist, was Sie in Ihrem Leben verursachen. Nur das, was Sie ausstrahlen, können Sie auch anziehen. Und da diese Schwingung dafür verantwortlich ist, was in Ihrem Leben so alles geschieht, sollte sie immer harmonisch sein.

Wenn ich etwas haben oder erreichen will, sollte ich mir bewusst machen, welche Frequenz der erwünschte Endzustand hat. Das geschieht, indem ich mir vorstelle, dass ich es bereits erreicht habe, bereits am Ziel bin, es bereits geschehen ist. Dabei muss ich verinnerlichen und spüren, wie sich das anfühlt. Dann mache ich mir bewusst, ob es sich für mich natürlich anfühlt, ob es zu mir gehört und ob ich mich wirklich wert fühle, es zu erreichen oder zu haben. Das heißt, ich muss meine energetische Signatur überprüfen und damit in Einklang bringen.

Indem ich mich so mit einer bestimmten Energiequalität erfülle, verändere ich meine energetische Signatur, meinen »Dauerauftrag an das Leben«, meine Lebensumstände und mein Schicksal. Nicht mehr das Außen mit seinen Ereignissen bestimmt, wie ich mich fühle, sondern ich bestimme bewusst die Energie, die mich erfüllt, und das so veränderte Innen bestimmt die äußeren Ereignisse. Das Außen ist nur noch der Spiegel meiner Innenwelt. So wird die erwünschte Veränderung energetisch vollzogen und sofort verwirklicht. Das Außen wird so gewissermaßen zur Auftragsbestätigung der inneren Wirklichkeit. Wenn ich mich auf die Frequenz der Erfüllung eingestellt habe, sollte ich auch bis zur Erfüllung darin verweilen, sonst bin ich bei der Lieferung wieder auf einer anderen Frequenz und das von mir Erwünschte geht an den Absender zurück.

Wenn Sie davon überzeugt sind, dass man sich anstrengen muss, um zu Geld zu kommen, werden Sie genau das erleben. Wenn Sie aber davon überzeugt sind, dass Ihnen das Leben ständig neue Chancen bietet, werden Sie erkennen und erleben, dass Sie mehr Möglichkeiten haben, als Sie je nutzen können. Und das betrifft keineswegs nur das Geld. Irgendwann entdecken Sie, dass Sie genau das anziehen, worauf Sie Ihr Bewusstsein vorwiegend richten, und dann kennen Sie das Geheimnis, wie man vom Leben alles, aber auch wirklich alles haben kann.

Der wirksamste Weg, die natürliche Fülle und Wohlstand in Erscheinung zu rufen, ist das Segnen.

Indem Sie Ihren inneren Wohlstand segnen, muss er nicht nur als Ihre Realität in Erscheinung treten, er muss sich auch segensreich auf Ihr Leben auswirken. Beim Segnen ist die Form ohne jede Bedeutung. Doch erfolgen sollte er. Es ist sonst so, als ob Sie zu jemandem sagen würden: »Ich schenke dir ein Buch«, und Sie geben es ihm dann nicht. Sie sollten fühlen, wie der Segen auf das Gesegnete übergeht. Sobald der Segen aber geschehen ist, beginnt er zu wirken und sich als Realität zu manifestieren. Nach dem Segnen geht es darum, die Ursache zu setzen: Ich stelle mir den erwünschten Endzustand möglichst deutlich und bildhaft vor und verbinde diese Vorstellung mit einem starken Gefühl der Freude. Ich nehme den erwünschten Endzustand für mich an, indem ich mich in verschiedenen Situationen der Erfüllung erlebe, und mache ihn mir so zu eigen. Ich erlebe dabei die innere Gewissheit der Erfüllung, indem ich sie *bin*. Wenn ein bestimmter Zeitpunkt der Erfüllung gewünscht wird, verankere ich den erwünschten Endzustand in meiner individuellen Zeitlinie an diesem Zeitpunkt und erlebe, dass es zu diesem Zeitpunkt geschehen *ist*.

Wenn ich mich also richtig darauf eingestellt habe, sollte ich es geistig in Besitz nehmen, mich in der Erfüllung erleben. Ich sollte es mir also nicht nur vorstellen, sondern es auch wirklich erleben und fühlen, dass es bereits geschehen ist – ich *bin* am Ziel! Das sollte nicht nur für einige Minuten geschehen, sondern so lange dauern, bis ich Freude und Dankbarkeit als eine Art Auftragsbestätigung des Lebens in mir empfangen und wahrnehmen kann.

Unerwünschte Gewohnheiten löschen und erwünschte zuverlässig verankern

Wenn Sie Ihr Leben managen, gezielt lenken und Ihren Weg zielsicher und mit Freude gehen, dann kann es passieren, dass Ihnen unterwegs plötzlich wieder einmal längst überholte Gewohnheiten im Weg stehen. Gewohnheiten bestimmen so lange Ihr Leben und sind so lange wirksam, bis Sie Ihrem Unterbewusstsein ein neues, ein erwünschtes Programm eingegeben haben. Das ist einfacher, als Sie glauben. Machen Sie sich doch einmal eine Gewohnheit bewusst, die Sie ändern oder ablegen wollen. Vielleicht möchten Sie aufhören zu rauchen oder etwas weniger essen. Vielleicht haben Sie das Gefühl, Sie sollten weniger fernsehen oder weniger Alkohol trinken. Vielleicht reden Sie zu viel oder wollen immer recht behalten.

Wenn Sie eine solche Gewohnheit an sich kennen, dann wissen Sie auch, dass es gar nicht so leicht ist, sie wieder sein zu lassen. Es gibt aber eine wertvolle Unterstützung. Wenn Sie Ihre Gewohnheit jedes Mal in Frage stellen, dann kann sie sich ganz schnell aus Ihrem Leben verabschieden. Und das funktioniert wie folgt:

Unerwünschtes in Frage stellen

Wenn Sie beispielsweise Raucher sind, dann fragen Sie sich bei jeder Zigarette, die Sie gerade anzünden wollen: »Will ich diese Zigarette jetzt wirklich rauchen?« Wenn Sie zu viel fernsehen, dann fragen Sie sich jedes Mal, wenn Sie das Gerät anschalten oder eine neue Sendung beginnt: »Will ich diese Sendung jetzt wirklich ansehen?« Mehr braucht es oft nicht, nur die Beharrlichkeit und Ehrlichkeit bei dieser Übung. Stellen Sie sich die Frage, lauschen Sie auf die Antwort aus Ihrem Innern und treffen Sie Ihre Entscheidung: Sie rauchen oder Sie lassen es. Sie schauen fern oder Sie lassen es.

Es geht also nicht darum, sich vorzunehmen, nie mehr rauchen zu wollen oder auf das Fernsehen zu verzichten. Wenn man versucht, eine Gewohnheit einzuschränken, dann wird sie meistens noch stärker. Es geht also sinnvollerweise darum, in jedem einzelnen Fall neu zu entscheiden. Jedes Mal, wenn die Gewohnheit durchbricht, dann stellen Sie sich dieselbe Frage. Der Sinn der Sache ist, das Unerwünschte also nicht mehr automatisch aus einer Gewohnheit heraus zu tun, sondern es zu prüfen und dann in freier Willensentscheidung zu tun oder zu lassen.

Dadurch entsteht ein neuer Freiraum, in dem Sie nicht mehr der Gewohnheit folgen, sondern Ihrer freien Entscheidung. Wenn Sie sich eine Zigarette anzünden, dann haben Sie diese bisher einfach zur Hand genommen, ohne darüber groß nachzudenken. Diese Handbewegung ist wie ein Reflex, der keine großen Gedankengänge voraussetzt. Es ist die Sucht, die Sie lenkt. Es kompensiert kurzzeitig einen Mangel und zeigt auf, dass Sie auf der Suche sind. Das Wort »Sucht« kommt ja von »Suche«.

Wer sein Selbst noch nicht für sich entdeckt hat, wird natürlich auch zu Süchten neigen. Erst wenn die Suche beendet ist, wird auch die Sucht kein Thema mehr sein. Süchte müssen nicht immer gleich etwas Dramatisches wie beispielsweise eine Drogensucht sein. Sich jeden Montag auf eine Wochenzeitschrift zu freuen, könnte man auch als eine Sucht bezeichnen, auch wenn es eine liebenswürdige und harmlose »Sucht« zu sein scheint. Denn wenn Sie diese Zeitung lesen, dann fühlen Sie sich für eine kurze Zeit besser und das zeigt Ihnen, dass Ihnen etwas besonders viel Freude macht.

Warum aber erschaffen manche Dinge dieses Wohlgefühl in uns und andere nicht? Warum bevorzugt man manches und warum lehnt man anderes ab? Ich sage keinesfalls, dass Sie keine Zeitung lesen sollten, doch Sie sollten sich mit und ohne Zeitung gleich gut fühlen. Ihr Gefühlszustand sollte nicht von einem Ereignis – oder von äußeren Umständen überhaupt – abhängig sein. Eine Zeitung sollte also nicht über ein besseres oder schlechteres Gefühl entscheiden, denn das würde bedeuten, dass Sie der Sklave äußerer Umstände sind. Das Ziel im Leben ist es, ständig in der Freude zu sein, selbst Freude zu sein, dann spielt es keine Rolle, was Sie gerade tun.

Wenn Sie nichts mehr emporheben und nichts mehr runterziehen kann, dann sind Sie wahrlich angekommen.

Aber zurück zum Rauchen. Wenn Sie sich jedes Mal, wenn Sie zu einer Zigarette greifen, diese in der Übung erwähnte Frage stellen, führt das erfahrungsgemäß dazu, dass Sie sofort nur noch etwa die Hälfte von dem rauchen, was Sie bisher »brauchten«. Dies geschieht, ohne dass Sie es vermissen, und ohne dass Sie sich einschränken müssten. Sie genießen Ihr Tun sogar viel mehr und haben somit ein ständiges Erfolgserlebnis.

Nach kurzer Zeit wird auch die Erinnerung an die Gewohnheit verblassen, weil Sie ihr nicht mehr sofort folgen. Ihr Tun wird sich dadurch drastisch verändern. Durch Ihre bewusste Entscheidung wird das Verhaltensmuster der Gewohnheit nicht mehr betätigt und löst sich ganz von selbst auf. Ihre Gewohnheiten sind ja nur durch Wiederholungen entstanden und lösen sich auf, wenn sie nicht mehr betätigt werden. Ich kenne keinen anderen Weg, ohne jede Willensanstrengung und völlig mühelos eine Gewohnheit zu beenden.

Sie koppeln Ihr Verhalten lediglich von der Gewohnheitsebene ab und stellen es wieder auf die Entscheidungsebene zurück.

Durch die Macht der Wiederholung wird Ihr neues Verhalten sehr schnell verankert und es entsteht eine neue Gewohnheit: die Gewohnheit, Ihr Verhalten bewusst zu bestimmen. Genau so gehen Sie vor, wenn Sie eine neue Gewohnheit installieren wollen, ohne dass eine unerwünschte zu löschen ist.

Erwünschtes als Gewohnheit verankern

Entscheiden Sie sich ganz bewusst in der jeweiligen Situation für das erwünschte Verhalten und verankern Sie es durch die Macht der Wiederholung, indem Sie es mindestens 21-mal hintereinander anwenden. Das kann auch in der Imagination sein, weil Ihr Unterbewusstsein nicht unterscheiden kann, ob etwas real erlebt oder nur intensiv vorgestellt wird. Wenn Sie sich 21-mal hintereinander wie erwünscht verhalten haben, ist es als neue Gewohnheit fest in Ihnen verankert, selbst wenn die Wiederholungen nur in Ihrer Vorstellung erfolgt sind. Sie glauben es nicht? Dann ist es an der Zeit, es jetzt zu versuchen!

Die Wunschverwirklichungs-Technik des Manifestierens

Ein Lebensmeister, der seine Wünsche verwirklichen möchte, sollte sich auch folgende Technik zunutze machen. Sie ist wie ein Schlüssel, der einem die Türen öffnet, die ansonsten verschlossen bleiben. Bei dieser Kerntechnik sind es zwölf Schritte, die einschneidende Veränderungen in die Wege leiten können. Den Schlüssel zur natürlichen Fülle des Universums trägt jeder Mensch in sich. Alles Urwissen und alles, was ist, liegt in uns verborgen. Es ist an der Zeit, diese Quelle zu nutzen und die ewige Suche im Außen zu beenden. Der Weg von der »Vorstellung« zur bewussten »schöpferischen Manifestation« läuft über die individuelle Zeitlinie.

Die Wunschverwirklichungs-Technik des Manifestierens ist die Änderung, Gestaltung und Bestimmung der Realität und damit der Zukunft auf geistigem Weg. Das kann durch das bewusste Setzen einer Ursache geschehen oder es geschieht dadurch, dass man selbst zu einer ständigen Ursache wird. Und hier kommt wieder die Änderung der eigenen energetischen Signatur ins Spiel.

Letztlich ist diese innere Arbeit nichts anderes als das Antreten des geistigen Erbes, das seit einer Ewigkeit darauf wartet, sich in uns entfalten zu können. Wir kommen »zu Bewusstsein«, wobei wir dieses geistige Erbe in Besitz nehmen. Es ist die Entwicklung der zuvor gefangenen Persönlichkeit zum kosmischen und freien Menschen hin – es ist die Rückkehr zu uns selbst.

Hier folgen nun ausführlich und Schritt für Schritt erklärt die Punkte der Wunschverwirklichungs-Technik, eine nochmalige Vertiefung und Verfeinerung dessen, was Sie hier bereits lesen und praktisch anwenden konnten.

Der erste Schritt: Wiedervereinigung mit sich selbst

Alles beginnt damit, dass Sie »zu Bewusstsein« kommen, denn ein persönliches Ich hat keinen Einfluss auf sein Leben, auch wenn es so aussehen mag. Bewusstsein ruft den verwirklichten Zustand in Erscheinung, weil es die schöpferische Quelle in sich trägt. Bewusstsein tut nichts und denkt nicht, Bewusstsein *ist*.

Das bedeutet, von der Identifikation zur wahren Identität und somit in seine natürliche Vollmacht zu kommen. Man tritt aus dem Opfer-Bewusstsein heraus und erfährt sich als Schöpfer aller Lebensumstände. Nur das Bewusstsein besitzt die Fähigkeit, Dinge in Erscheinung zu rufen. Man trifft die Wahl, alle Identifikationen loszulassen und sich seine wahre Identität bewusst zu machen. So wird man als der leben, der man wirklich ist. Bewusstsein, das seine Identität vergisst und sich mit Körper, Ego und Verstand identifiziert, verliert die Fähigkeit, zu erschaffen. Auch die Überzeugung des Bewusstseins ist eine Schöpfung und damit eine Ursache. Nun ist sie wieder bewusst gesetzt.

Der zweite Schritt: Loslassen und Auflösen aller Identifikationen, Rückkehr in die wahre Identität

Damit treten Sie wieder in die Vollmacht ein, um am Schöpfungsprozess teilzunehmen. Sie gehen in die volle Verantwortung. Bevor Sie etwas Neues erschaffen können, müssen Sie alles andere, was nicht mehr zu Ihnen gehört, loslassen. Wenn Sie loslassen, was nicht mehr zu Ihnen gehört und was Sie nicht glücklich macht, schaffen Sie Raum für ein neues Leben.

Der dritte Schritt: Aufmerksamkeit von Schwierigkeiten und allem, was nicht mehr sein soll, abziehen und auf das Erwünschte lenken

Die Energie wird vom Ungewollten auf das Gewollte sowie auf Möglichkeiten und Lösungsansätze umgelenkt. Die meisten Menschen richten ihre Aufmerksamkeit fast ständig auf Schwierigkeiten, Probleme und Hindernisse und erschaffen so immer neue Schwierigkeiten, denn worauf man seine Aufmerksamkeit richtet, dahin fließt auch die Schöpfungskraft.

Machen Sie es so wie ich: Ich gestatte meiner Aufmerksamkeit nie, länger als zwei oder drei Sekunden bei einem Problem zu bleiben. Ich ziehe sie bewusst von dort ab, indem ich sie auf die Lösung, auf eine Möglichkeit oder eine Chance richte. Das, was sein soll, bekommt somit meine vollumfängliche Aufmerksamkeit. Als vollkommenes Sein richte ich meine Aufmerksamkeit auf eine Frage, Aufgabe, Situation oder Beziehung – und zum perfekten Zeitpunkt erkenne ich die Antwort oder die Lösung. Ich kann meine Aufmerksamkeit auch mit einer bestimmten Absicht verbinden, dann manifestiert sich diese Absicht als äußere Realität.

Der vierte Schritt: richtige Entscheidungen treffen

Zum Schöpfen gehört unverzichtbar die Fähigkeit, Richtig und Falsch eindeutig unterscheiden zu können, sodass man nur noch die richtigen Entscheidungen trifft. Es geht dabei nicht um eine moralische Wertung, sondern darum, sein Leben in die für einen selbst stimmige und damit »richtige« Richtung zu lenken. Richtig und Falsch haben bei jedem eine eindeutige energetische Signatur. Jeder hat eine Art Energiesinn und kann Energien wahrnehmen. Nutzen Sie das für Ihre Entscheidungskraft!

Der fünfte Schritt: Zielklarheit schaffen

Bevor ich etwas erschaffen kann, muss ich wissen, wie es sein soll. Die meisten Menschen wissen nur, was sie nicht wollen, aber sie wissen nicht, was sie wollen. Wie oft habe ich Menschen nach ihren Wünschen, Träumen oder Fähigkeiten gefragt – und die meisten konnten mir nicht sagen, was sie denn gern tun würden. Machen Sie sich Ihren Wunschtraum bewusst und verwirklichen Sie ihn.

Wer weiß, was er will, und verursacht, was er will, der bekommt auch, was er will. So einfach ist das!

Die möglichst präzise Definition des erwünschten Endzustands ist unumgänglich. Ungenauigkeiten führen zu ungenauen Wirkungen. Dabei ist nicht zu vergessen, dass die Formulierung immer bejahend und positiv sein muss, denn ich kann nicht etwas bestellen, was ich nicht haben will. Ich muss mich entscheiden, ob ich mein Ego oder mein Selbst glücklich machen

will und als wer oder was ich überhaupt etwas erreichen will.

Bevor ich meine Wahl treffe, kann ich mich in
»alternative Zukünfte« versenken und diese einfach
einmal »anprobieren«. So kann ich sehen, ob sie wirklich die erwartete Erfüllung bringen. Auf diese Weise
kann ich von der Zukunft lernen, was in der Gegenwart zu tun ist. Die letztlich ausgewählte Zukunft
sollte in der Präsensform formuliert werden, also: »Ich
habe …, es ist …, ich bin …« Denn wenn ich die
Zukunft in die Zukunft verlege, kann sie sich nicht
in der Gegenwart manifestieren. Sie kann aber in der
Gegenwart in meine individuelle Zeitlinie eingefügt
werden, damit sie zu einem bestimmten Zeitpunkt
dann in Erscheinung tritt. Erleben Sie also bereits
jetzt, wie sich die erwünschte Zukunft zum gewählten
Zeitpunkt manifestiert.

Der sechste Schritt: von der bloßen Vorstellung zur bewussten schöpferischen Imagination

Der bewusste Gebrauch der schöpferischen Imagination ist der Schlüssel zur Bestimmung der Zukunft,
denn er lässt das, was Sie hervorrufen, in Erscheinung
treten. Schöpferische Imagination heißt, sich etwas so
lebendig vorzustellen, dass es sich als Realität, als Ereignis, als Situation oder Begegnung manifestiert und aus
einer Möglichkeit der Zukunft in die erlebte Realität
der Gegenwart wandelt. Sie stellen sich den erwünsch-

ten Endzustand möglichst deutlich, lebendig und bildhaft vor und verbinden ihn mit einem starken Gefühl. Je stärker das begleitende Gefühl ist, desto mehr Eindruck wird es auf Ihr Unterbewusstsein machen und umso intensiver wird es an der Erfüllung arbeiten.

Zur schöpferischen Imagination gehört auch das Geheimnis des Träumens. Lernen Sie also den Unterschied zwischen Herbeiträumen und Wegträumen kennen und nutzen. Schöpferische Imagination ist die Transformation einer Vorstellung in die Realität. Sie ist die Schnittstelle zwischen Gedanken und Realität. Aber Sie sollten das Werkzeug der schöpferischen Imagination meisterhaft nutzen, also nicht wie ein Zuschauer auf das Ereignis schauen, sondern wie jemand, der das Ziel bereits erreicht hat, vom Ergebnis aus zurückblicken.

Erst wenn Sie sich etwas vorstellen können, kann es verwirklicht werden. Die schöpferische Imagination verbindet uns mit dem erwünschten Endzustand und lässt ihn in Erscheinung treten, denn sie ist wirklichkeitserschaffende Energie. Entweder wecken Sie Ihre schöpferische Imagination oder Sie bleiben ein Gefangener von Tatsachen. Durch schöpferische Imagination wird ein Wunsch zur Absicht. Eine Absicht schließt die Möglichkeit der Nichterfüllung aus. Eine Absicht erzeugt die Energie der Gewissheit der Erfüllung.

Machen wir das doch gleich einmal praktisch.

Wie steht es um Ihre Imaginationskraft?

Prüfen Sie, ob Ihnen das Schöpfungsinstrument Imagination zur Verfügung steht. Schließen Sie die Augen und stellen Sie sich einen Baum vor. Prüfen Sie, wie genau Sie die Details erkennen können. Fühlen Sie den Stamm, die Äste, die Zweige, die Blätter, die Früchte.

Lassen Sie dann den Baum wachsen. Lassen Sie es Herbst werden und sehen Sie in der Imagination, wie die Blätter abfallen. Lassen Sie es schneien und sehen Sie den Baum ganz in Weiß. Lassen Sie die Sonne scheinen und den Schnee wieder schmelzen. Sehen Sie die ersten Knospen kommen und zu Blüten werden, bis der ganze Baum in seiner vollen Blüte steht.

Wenn Sie das alles im gleichen Augenblick sehen können, in dem Sie es wollen, dann haben Sie sich die natürliche Fähigkeit der Imagination bewahrt. Wenn nicht, sollten Sie sie wieder aktivieren, indem Sie eine Übung wie diese mehrmals versuchen, bis Sie schnell die Bilder erzeugen können. Mit ein bisschen Geduld und Ausdauer werden Sie das rasch wieder für sich entdecken können. Sie können es dabei nicht lernen, vielmehr ist es das Wiederentdecken einer vergessenen Gabe.

Das ganze Geheimnis besteht in einer bewusst gesteuerten Imagination, die in Verbindung mit der schöpferischen Urkraft auch im Außen hervorbringt, was immer Sie in Erscheinung treten lassen wollen. Das Imaginieren vom gewünschten Ergebnis aus, das ist der Anfang aller Wunder.

Der siebente Schritt: dem Leben die richtigen Anweisungen geben

Ihre Gedanken, Gefühle, Überzeugungen und Handlungen *sind* Anweisungen, dessen sollten Sie sich immer bewusst sein. Imagination, In-Besitz-Nehmen und mein Glaube *sind* Anweisungen. Auch der Gebrauch der schöpferischen Imagination und das Richten der Aufmerksamkeit *sind* Anweisungen an das Leben und erschaffen Ereignisse und Lebensumstände. In Wirklichkeit ist alles Ursache und bestimmt somit Ihr Leben und Ihr Schicksal mit.

Der achte Schritt: bewusster Sender sein

Ein bewusster Sender zu sein bedeutet, die energetische Signatur immer wieder neu zu optimieren. Ob wir wollen oder nicht, wir senden ständig Energie einer bestimmten Schwingung aus und ziehen damit ganz bestimmte, uns aktuell entsprechende Ereignisse und Umstände in unser Leben. Durch unser Aussenden verhindern wir es auch, ganz bestimmte Ereignisse anzuziehen, obwohl wir sie uns vielleicht schon lange wünschen. Sie sollten daher ganz bewusst die eigene energetische Signatur ständig optimieren. Dazu gehört die tägliche Tagesrückschau, mit der Sie die Ereignisse der vergangenen Stunden energetisch »umerleben«, bevor sie erneut zu Ereignissen werden können. Sie erleben also bildlich und emotional, wie es hätte sein können. Dadurch können Sie zwar Ereignisse des Tages nicht ungeschehen machen, aber Sie setzen energetisch eine neue Ursache. So verändert sich auch die Wirkung, denn es wirkt die neue Ursache. Die alte und unstimmige wurde neutralisiert.

Die stärkste Anweisung an das Leben ist Ihr So-Sein. Eine andere Anweisung sind Ihre Überzeugung und Ihr Glaube, denn einem jeden geschieht nach seinem Glauben. Das, was Sie glauben, bestimmt das, was Sie erleben. Das Eingreifen durch energetisches Management entspricht dem Lebensmanager und bedeutet, unerwünschte Energien umzuwandeln, *bevor* sie als Realität in Erscheinung treten können.

Der neunte Schritt: den Leitsatz »Glauben ist Schöpfung« verinnerlichen

Wir glauben zu viel an die Macht des Wissens und wissen zu wenig von der Macht des Glaubens. Da jedem nach seinem Glauben geschieht, ist es wichtig, ein positives Selbstbild und ein unerschütterliches Wohlstandsbewusstsein zu entwickeln. Legen Sie sich die richtigen Überzeugungen zu und leben Sie als Gewinner, denn alles ist möglich. Dem, der glaubt, werden Wunder widerfahren. Wenn Sie Ihre Überzeugungen nicht bewusst bestimmen, übernehmen die bisherigen Überzeugungen die Gestaltung Ihrer Zukunft. Jeder erlebt seine als Realität sichtbar gewordenen Überzeugungen. Das, was man übernommen hat, wird das Leben

bestimmen. Wenn Sie Ihre Überzeugungen erkennen wollen, dann schauen Sie auf Ihre Lebensumstände, denn die machen Ihre Überzeugungen sichtbar.
Und so funktioniert es:

- Ereignisse und Umstände »umglauben«.
- Die transparenten Überzeugungen erkennen und optimieren.
- Seine Überzeugungen bewusst wählen.
- Sicherstellen, dass der erwünschte Endzustand innerhalb Ihrer Glaubensgrenze liegt, denn das Leben kann Ihnen nichts geben, was Sie sich selbst verweigern.
- Es für möglich halten.
- Sich wert fühlen, die Erfüllung jetzt leben zu dürfen.
- In der Gewissheit des Glaubens sein, dass es bereits geschehen ist, und die Energie des erfüllten Wunsches halten, bis die Erfüllung in Erscheinung getreten ist.
- Jedes Mal, wenn Sie daran denken, die Gewissheit des Glaubens vertiefen und sich mit Freude und Dankbarkeit dafür, dass es bereits geschehen *ist*, voll und ganz erfüllen.

Der zehnte Schritt: die Kunst der Revision anwenden

Erlebte Ereignisse werden in der Imagination energetisch umgewandelt, mit der entsprechenden Wirkung auf die Zukunft. Sie können sich dadurch eine andere

Vergangenheit zulegen oder zukünftige Ereignisse umerleben, bevor sie geschehen sind. Wandlung ist Schöpfung – alles, was ist, kann in das, was sein soll, gewandelt werden. Wenn Ihnen eine Schöpfung nicht mehr
gefällt, können Sie sie in die erwünschte Situation umwandeln.

Eine Situation kann noch so schwierig oder gar aus-
sichtslos sein, sie kann jederzeit gewandelt werden. Die
Realität ist jederzeit dazu bereit, jede gewünschte Form
anzunehmen. Permanentes Wandeln heißt, alles Unstimmige immer sofort in das Stimmige umzuwandeln.
Sie können so aus einer Schwäche eine Stärke machen,
dann können ein Problem zu einer Chance und ein
Misserfolg zu einem Erfolg werden. Und natürlich können Sie auch sich selbst jederzeit wandeln – und damit
auch Ihr ganzes Leben.

**Der elfte Schritt: das Erwünschte
geistig in Besitz nehmen**

Dieser Schritt ist eine Einheit, die sich in drei Teilaspekte aufspaltet:

- Sich den erwünschten Endzustand bildhaft vorstellen.
- Den erwünschten Endzustand in Besitz nehmen,
  indem man in ihn hineinschlüpft und sich mit ihm
  identifiziert.
- Sich mit Dankbarkeit und Freude erfüllen.

Hier fasse ich diese drei äußerst wichtigen Teilaspekte noch einmal zusammen, gemeinsam sind sie ein enorm wichtiger Ablauf, denn nur alle drei Aspekte zusammen ergeben diesen wirkungsvollen elften Schritt: Sie nehmen den ausgewählten Endzustand geistig in Besitz, indem Sie sich in immer neuen Situationen in der Erfüllung erleben, und das so lange, bis ein starkes Gefühl der Freude und Dankbarkeit aufkommt und Sie vollumfänglich erfüllt. Erst diese Gefühle der Freude und Dankbarkeit sind die Auftragsbestätigung des Lebens und zeigen Ihnen verlässlich an, dass der Auftrag angenommen wurde, bereits in Arbeit ist und das Gewünschte in Kürze eintreffen wird. Sie werden sehen, dass Sie diesen Schritt des In-Besitz-Nehmens mit ein wenig Übung schon bald nur als eine Einheit ansehen werden. Alle Aspekte werden ganz automatisch ineinander überfließen und nur wenige Sekunden in Anspruch nehmen. Es ist aber wichtig, dass Sie die Unterteilung des gesamten Schrittes voll und ganz verinnerlicht haben.

Sie sollten nie vergessen: Wenn Sie nur im Außen handeln, dann werden Sie selbst zum Hindernis der Erfüllung. Alles beginnt innen, bevor es sich im Außen manifestieren kann.

Der zwölfte und letzte Schritt:
segnen und segensreich leben

Die vergessene Kunst des Segnens kann Ihr ganzes Leben verwandeln. Segnen Sie täglich alles, was Ihr Leben ausmacht, und werden Sie jedem zum Segen, der das Glück hat, Ihnen zu begegnen. Alles ist Segen und der Segen wohnt allem inne. Erkennen Sie den Ursprung der Dinge und schauen Sie tiefer, als Ihre Augen es können. Sehen Sie Ihre Umgebung mit dem Herzen, und Ihr Leben wird ganz von selbst segensreich sein.

Was tun, wenn das Gewünschte nicht passiert?

Machen Sie sich zunächst bewusst, dass das nicht möglich ist. Denn das Leben hat keine Wahl und muss wie der Acker genau das hervorbringen, was zuvor gesät wurde. Wenn also nicht das in Erscheinung tritt, was ich beabsichtigt habe, dann habe ich gar nichts oder falsch bestellt. Vielleicht aber habe ich zwar bestellt, aber meine Bestellung unbewusst wieder abbestellt. Zweifel, negatives Denken, Unglaube oder eine dem Gewünschten entgegengesetzte Überzeugung könnten die Ausführung meiner Bestellung verhindert haben. Aber auch Ängste, Sorgen und Befürchtungen machen die Order wieder rückgängig.

Wenn Sie ab und zu an das bereits verursachte Wunschziel denken, dann sollte sich dieser Gedanke in etwa so gestalten: »Schön, dass es schon bald in Erscheinung tritt!« Damit bleiben Sie in der Erfüllung. Das Wort »wollen« kommt aus dem Mangelbewusstsein und damit entfernen Sie sich vom Gewünschten. Sätze wie »Ich will …« oder »Ich wünsche mir …« sind deshalb nicht passend. Ersetzen Sie Sätze wie »Ich will meine Rechnungen bezahlen«, »Ich kann meine Rechnungen nicht bezahlen« oder »Ich werde meine Rechnungen bezahlen« durch: »Ich bezahle meine Rechnungen.«

Vielleicht haben Sie nur gewünscht, gehofft und gewollt und nicht wirklich manifestiert?

Vielleicht fühlen Sie sich auch nicht wert genug, Fülle zu empfangen. Alte Glaubenssätze wie: »Das brauche ich nicht«, »Geld macht nicht glücklich«, »Man muss nicht alles haben«, »Das ist nicht notwendig« oder »Ich kann auch ohne das« blockieren die Verwirklichung ebenfalls. Ihnen können Sie durch mentales Umerleben entgegenwirken.

Wenn Sie in der persönlichen Identifikation leben und nicht aus dem Selbst heraus, dann sind Sie nicht in der Vollmacht. Richten Sie sich immer wieder nach Ihrem höchsten Selbst aus. Gehen Sie nach Gefühl und Intuition und geben Sie zweifelnden Gedanken keinen Raum, in dem sie sich immer wieder neu entfalten können.

Vielleicht sind Sie aber auch ein Gefangener der Gegebenheiten, weil Sie meinen, alles so annehmen zu müssen, wie es nun mal ist. Dies stimmt aber nur bedingt. Annehmen *müssen* ist ja ein Zwang, das heißt, dass Sie es im Grunde ablehnen. Ein Schmerz kann nicht einfach so geliebt werden, denn es tut Ihnen ja der Körper weh, und auch wenn das nicht die letzte Realität ist und Sie nicht der Körper sind, *fühlen* Sie den Schmerz über die Identifikation. Sie können aber Ihre Aufmerksamkeit dorthin richten, wo der Schmerz entsteht und sich fragen: »Wer fühlt den Schmerz?«, »Kann ich ein Schmerz sein?« Fühlen Sie diese Fragen und geben Sie sich keine Antworten mit dem Verstand, sondern fühlen Sie so lange hin, bis Sie die Antwort beziehungsweise das Dahinter spüren. Was ist hinter allem?

Was könnte noch verhindern, dass sich das Gewünschte zeigt? Haben Sie Ihre Erfüllung vielleicht in die Zukunft verlegt? Beispielsweise mit einem Gedanken wie: »Wenn ich groß bin, dann …«, »Wenn ich umgezogen bin, dann …«, »Wenn ich keinen Partner mehr habe, dann …«, »Wenn ich dafür bereit bin, dann …«

Außerdem ist es möglich, dass Sie zu früh aufgegeben haben: Weil es noch nicht eingetroffen ist, meinen Sie, dass es nicht geklappt hat. Da es im Universum keine Zeit gibt, sollten Sie es dem Leben überlassen, wann Ihnen etwas geliefert wird. Gehen Sie also wieder ins Vertrauen und wiederholen Sie eventuell alle oder einzelne Schritte der Wunschverwirklichungs-Technik.

Es geschieht, sobald aus Ihrem Wunsch eine Absicht geworden ist. Eine innere Absicht schließt die Möglichkeit der Nichterfüllung aus. Eine persönliche Absicht hingegen ist Manipulation, und das Leben lässt sich nicht manipulieren, auch wenn es das Ego beabsichtigt. Ihre Ziele müssen immer mit Ihrem Selbst übereinstimmen, denn dies ist der Lieferant. Sie können mit Ihrer Absicht nicht beim Ego vorsprechen, denn das ist nicht dafür zuständig, etwas zu manifestieren. Wenn Sie bei einem Zeitungskiosk ein Auto bestellen, wird es auch nicht geliefert werden. Die Anlaufstelle ist ausnahmslos Ihr Selbst, und Ihr So-Sein bestimmt über das, was geschieht. Alles, was geschieht, ist Ihre Entsprechung.

Die Kunst, die richtige Entscheidung zu treffen

Wenn Sie Ihr Leben erfolgreich meistern und führen wollen, dann ist es immer nur die richtige Entscheidung, die Ihnen ein Ergebnis liefern wird, das Ihren Vorstellungen und Ihrem Sein entspricht. Doch wie treffe ich die »richtige« Entscheidung? Das ist eine gute Frage, denn oft ist man sich unsicher und neigt dann dazu, einer Kopfentscheidung den Vorzug zu geben. Sie haben sicher schon einige Entscheidungen in Ihrem Leben getroffen, die Sie im Nachhinein als »falsch« bezeichnen würden. Obwohl Sie gar nichts falsch machen können, da alle Erfahrungen auf Ihrem Weg notwendig waren, wollen Sie es zumindest das nächste Mal besser, also angenehmer machen.

Stellen Sie sich einmal vor, wie dramatisch sich Ihr Leben ändern würde, wenn Sie ab sofort nur noch richtige Entscheidungen treffen würden. Sie könnten Ihren Wohlstand beliebig vermehren und würden den optimalen Partner erkennen. Sie könnten Ihrem Körper zuverlässig helfen, wieder gesund zu werden, und Sie könnten erfolgreich sein, in jedem einzelnen Fall. Sie würden gleich die richtige Tätigkeit wählen und immer die richtigen Worte finden. Genau das ist möglich, und wenn Sie wollen, ich meine, wenn Sie wirklich wollen, beginnt diese Erfahrung jetzt in diesem Augenblick.

Machen Sie sich einmal folgende Aspekte bewusst:

- Wer trifft denn Ihre Entscheidungen? Haben Sie sich das schon einmal gefragt? Ihr persönliches Ich oder Ihr wahres Ich? Ihre Seele oder Ihr Verstand? Ihr Ego oder Ihr Herz?
- Fülle ist ein natürlicher Zustand der Schöpfung.
- Sie können vom Leben viel nehmen, ein wenig oder alles.
- Es geht nicht um Perfektion, sondern um Effektivität.
- Machen Sie es sich zur Gewohnheit, alles erfolgreich zu beenden, indem Sie vorher einfach nicht aufgeben.
- Werden Sie ein Problem-Lösungs-Profi.

- Tun Sie alles vollkommen mühelos.
- Schaffen Sie sich ein Notfall-Protokoll für schwierige Situationen.
- Werden Sie wirklich vermögend und lassen Sie das innere Vermögen als äußeres sichtbar werden.
- Werden Sie ein absoluter Experte auf einem Gebiet, das Ihnen wirklich Freude macht.
- Wohlstand ist eine bestimmte energetische Signatur, deshalb: Erhöhen Sie die Ihre!
- Erst wenn etwas ist, kann etwas werden.
- Erst wenn etwas ist, kann es werden.
- Selbstständig zu werden ist sehr viel mehr, als seine bisherige Stelle zu kündigen und eine eigene Firma zu eröffnen.
- Bevor Sie das tun, sollten Sie selbstständig *sein* (obwohl das letztlich ein lebenslanger Prozess ist).
- Das heißt vor allen Dingen, sich als »Werkzeug Mensch« ständig zu optimieren und heute auf die Welt von morgen vorbereitet zu sein.
- Selbstständig sein heißt, seinen Platz im Leben zu finden und ihn optimal auszufüllen, ihn »angekommen« zu leben.

Das Leben stellt uns ständig vor Entscheidungen. Ob das nun wichtige oder unwichtige sind, jede Entscheidung verändert unser Leben. Manche unmerklich, andere entscheidend. Mitunter kann ein einziges Wort unser ganzes Leben verändern, so wie das Ja vor dem Standesbeamten.

Wesentlich ist auch der richtige Zeitpunkt: Wenn wir

an der Ampel stehen, dann wäre es der falsche Zeitpunkt, bei Rot loszufahren. Die Entscheidung zu fahren stimmt zwar, aber der falsche Zeitpunkt kann unser Leben dramatisch verändern, unter Umständen sogar beenden.

Fragen Sie sich zudem immer wieder: Wer trifft »meine« Entscheidungen? Die Illusion des Ich versucht, unser ganzes Leben zu bestimmen. Wir müssen uns daher entscheiden, ob wir den Weg der Persönlichkeit, der Illusion gehen oder ob wir den Weg der Wirklichkeit, den lichtvollen Weg der Erfüllung beschreiten. Solange wir uns den Oberflächlichkeiten widmen und in Schnelligkeit, Rastlosigkeit und ständiger Bewegung von einem Tag zum anderen hasten, werden wir weiterhin stumpf sein. Der eine Weg ist der laute Weg, der andere ist der Weg der Stille.

Schon bevor wir in dieses Leben getreten sind, haben wir wichtige Entscheidungen getroffen: In welchem Land werde ich geboren? Zu welcher Zeit? Ist gerade Krieg mit Zerstörung, Hunger und Not, oder erlebe ich eine Zeit des Friedens, in der ich mich eher ungehindert entfalten kann? Wer sind meine Eltern? Kann ich sie wirklich wählen oder lande ich eher zufällig bei ihnen?

Kann man diese Dinge überhaupt wählen und wenn nicht, wer trifft dann diese Entscheidungen? Wir sind sicher, dass wir einen freien Willen haben, aber woher kommt der Impuls, etwas zu wollen? Das persönliche Ich glaubt sich zu entscheiden, aber das Ich ist nur eine Illusion. Kann eine Illusion sich wirklich entscheiden? Nun gut, die Entscheidung findet intuitiv oder verstandesgemäß statt und jede Entscheidung kann immer nur durch und über unsere Person geschehen, doch wie funktioniert diese Person? Woher kommt der Impuls, dass eine Person funktioniert? Da muss etwas sein, das uns lenkt und uns Dinge machen lässt, *bevor* wir sie erledigen. Gibt unser wahres Selbst dem persönlichen Ich den Impuls zur Entscheidung? Diesen Fragen sollten Sie eingehend auf den Grund gehen, denn es geht im Leben einzig und allein darum, herauszufinden, wer oder was Sie sind.

Wir alle tragen eine vollumfängliche Weisheit in uns und alle Antworten und Lösungen sind immer da. Sie stehen uns uneingeschränkt zur Verfügung. Wenn wir unseren Fokus aber nicht nach innen verlagern, dann werden wir diese Impulse auch nicht spüren können. Aufgrund ständiger Unbewusstheit sind wir dann abgestumpft und haben tatsächlich unsere wahre Identität vergessen.

In einem Buch las ich einmal: »Wie ist es überhaupt möglich, dass man vergisst, was man ist?« Dieser Satz hat mich sehr berührt. Unser Inneres antwortet nicht mit Worten, sondern drückt sich über unsere Intuition aus. Wenn wir unsere energetische Signatur, also unsere Ausstrahlung, unser Bewusstsein, unser So-Sein, unsere Frequenz, ernst nehmen, dann können wir zum Beispiel über den Armtest (siehe Seite 118) Antworten sichtbar machen. Dann nutzen wir unseren Körper als Vermittler, als Instrument und können uns mit dieser Hilfestellung wertvolle Informationen herausfiltern. Natürlich bräuchte es keine solche Hilfestellung, doch wenn man sich noch nicht so sehr auf sein Gefühl verlassen kann, warum sollte man sie dann nicht nutzen?

Ich selbst habe mich immer wieder auf den Armtest verlassen können, und dies bei unzähligen wichtigen Lebensentscheidungen. Der Armtest gab mir immer verlässliche Antworten und hat zu hundert Prozent recht behalten. Entscheidungen werden damit nicht mehr durch den Verstand getroffen, der sich nur auf bisherige Erfahrungen und angelerntes Wissen stützen kann. Er ist nicht in der Lage, uns zu sagen, was für uns »richtig« oder was für uns »falsch« ist, auch wenn er sonst sehr hilfreich sein kann. Er kann uns zwar Antworten liefern, doch den Inhalt oder die Wirklichkeit kann er nicht daraus hervorfiltern. Nur das Gefühl kann uns sagen, was gut für uns ist. Der Verstand kann sagen: »Geh heute spazieren!«, doch wie der Spaziergang sich entwickeln wird, kann er natürlich nicht erfassen. Wenn wir dann auf unser Gefühl hören, dann spüren wir, ob wir mit gemischten Gefühlen nach draußen gehen würden oder ob wir uns freudvoll ins Geschehen stürzen.

Wenn wir uns also an dieser Instanz der inneren Weisheit orientieren, dann können wir jederzeit die richtige Entscheidung treffen und das in jedem einzelnen Fall. So ersparen wir uns vielleicht eine Menge Ärger, Kummer oder Schmerz. Ein Leben im Einklang kann beginnen, und ab sofort können wir stimmig leben, wenn wir auf der Hauptstraße unseres Weges bleiben und nicht immer wieder in Sackgassen abzweigen.

Das Richten unserer Wahrnehmung auf diese innere Instanz ermöglicht es uns, nur noch richtige Entscheidungen zu treffen.

Die richtige Entscheidung treffen

Nach diesen Schritten können Sie vorgehen, um immer die richtige Entscheidung zu treffen:

■ Machen Sie sich Ihre energetische Signatur bewusst.

■ Nehmen Sie etwas ins Bewusstsein, das absolut falsch ist, beispielsweise: »Meine Haarfarbe ist blau«, »Ich bin zehn Jahre alt« oder »Ich wohne im Urwald.« Machen Sie sich die dadurch veränderte energetische Signatur bewusst, indem Sie spüren, wie Sie sich mit den drei erlogenen Qualitäten verändern.

■ Nehmen Sie nun etwas ins Bewusstsein, das absolut richtig ist, und machen Sie sich die Veränderung der energetischen Signatur bewusst. Vergleichen Sie diese Signatur mit der »falschen« von vorhin. Machen Sie sich den Unterschied bewusst, sodass Sie »richtig« und »falsch« eindeutig unterscheiden können.

■ Nehmen Sie nun etwas ins Bewusstsein, was gerade aktuell zu entscheiden ist. Wählen Sie bei der Formulierung die Behauptungsform: »Es ist für mich richtig, dass ich mich so und so entscheide« oder »Es stimmt für mich, das und das zu tun.« Machen Sie sich dabei die energetische Signatur bewusst. Ist es die Signatur von »richtig« oder die von »falsch«? Sollte die Antwort nicht sofort eindeutig sein, prüfen Sie durch weitere Behauptungen, was daran richtig und was daran falsch ist, denn manche Entscheidungen sind nicht absolut eindeutig.

- Sie können die so gefundene Lösung auch mit dem Armtest überprüfen. Dann wissen Sie noch genauer, ob es die optimale Lösung ist – für Sie und für alle Beteiligten. Machen Sie weiter, bis Sie die beste Lösung gefunden haben. Manchmal gibt es mehrere Lösungswege, deshalb sollten Sie bei größeren Themen sorgfältig mehrere Varianten überprüfen.

Sie sollten mit dieser Hilfestellung ab sofort in der Lage sein, die wirklich richtige Entscheidung zu treffen. Entscheidungen, die so wirklich »getroffen« werden, sind auch nach Jahren noch richtig. Die Zukunft wird es Ihnen zeigen. Doch etwas möchte ich hierzu noch sagen: So etwas wie »richtig« und »falsch« gibt es letztlich nur aus der persönlichen Sichtweise heraus. Denn auch, wenn wir eine Erfahrung als »falsch« bezeichnen, steckt darin eine sehr wertvolle Erfahrung. Deshalb sollten wir alle Erfahrungen dankbar annehmen und für wirklich alles dankbar sein, da uns das Leben stets hilfreich zur Seite steht. Es rückt uns zurecht, weist uns auf etwas hin – und immer steckt die Liebe des Einen dahinter. Auch wenn eine Erfahrung noch so schmerzvoll erlebt wird, vergessen Sie eines nie: Es *ist* immer nichts als Liebe!

Den Weg der Freude gehen

Alle bisherigen Punkte, die Ihnen dabei behilflich sind, Ihr Leben zu meistern, werden sich dann optimal entfalten, wenn Sie das alles mit Freude tun. Nur wenn es aus reinem Herzen geschieht, wird es auch fruchten. Wer aus Berechnung etwas erreichen will, dem bleiben die Früchte verwehrt. Deshalb möchte ich Sie hier noch einmal daran erinnern, dass das Leben nur Ihnen zur Freude stattfindet. Wenn Sie sich auch nur einen Augenblick nicht freuen, haben Sie in diesem Moment nicht wirklich gelebt. Freude ist ein sicheres Zeichen, dass wir in Harmonie mit uns sind, deshalb sollten wir ständig den Weg der Freude gehen. Das heißt, dass wir genau das tun, was uns Freude bereitet. Das gilt für den Beruf ebenso wie für die Beziehung. Lernen wir also, aus einem normalen Alltag etwas ganz Besonderes zu machen. Zelebrieren wir unser Leben und genießen wir jeden einzelnen Augenblick, denn ein erfülltes Leben besteht aus vielen erfüllten Augenblicken und findet ständig statt. Niemals hat es angefangen, niemals hört es auf, es ist ein anhaltender und ewiger zeitloser Moment des Seins.

Und so könnten Sie Ihren Weg der Freude gehen. Ich fasse hier noch einmal in ein paar wichtigen Schritten zusammen, wie Sie sich für ein freudvolles, bewusstes Leben öffnen und sich für ein sich unentwegt stimmig wandelndes Leben resonanzfähig machen können.

Der erste Schritt: Loslassen

Bevor Sie sich ein neues und schöneres Leben erschaffen können, müssen Sie einen Raum schaffen, und das heißt: das Bisherige loslassen. Das Erste, was Sie loslassen sollten, ist Ihre Vergangenheit, denn die kommt ohnehin nie wieder. Dann ist es vielleicht an der Zeit, eine nicht erfüllende Beziehung oder eine Tätigkeit loszulassen, die Sie nicht wirklich erfüllt. Aber auch das Ärgern sollten Sie loslassen. Auch ein negatives Selbstbild, Empfindlichkeit und Aggressionen können Sie verabschieden. Letztlich sollten auch Probleme, Mangel und Leid losgelassen werden. Lassen Sie alles los, was Ihr Leben nicht schöner macht. Loslassen ist der Anfang aller Wunder. Wenn Sie alles Unvollkommene losgelassen haben, sind Sie vollkommen!

Der zweite Schritt: das Richten der Aufmerksamkeit

Worauf Sie Ihre Aufmerksamkeit richten, dahin fließt Ihre Schöpferkraft, und diese verwirklicht das Leben. Der Schlüssel, um vom Leben immer genau das zu bekommen, was wünschenswert ist, ist das Abziehen Ihrer Aufmerksamkeit von dem, was nicht sein soll, und das bewusste Richten und Halten der Aufmerksamkeit auf dem, was sein soll. Gestatten Sie Ihrer Aufmerksamkeit nie mehr, länger als ein paar Sekunden bei etwas zu bleiben, was nicht sein soll. Ziehen Sie Ihre Aufmerksamkeit immer wieder von Unstimmigkeiten ab und halten Sie sie auf das gerichtet, was sein soll. Indem Sie die Richtung Ihrer Aufmerksamkeit ändern, ändert sich Ihr ganzes Leben.

Der dritte Schritt: die energetische Signatur optimieren

Jeder Mensch ist ein Energiefeld mit einer ganz bestimmten Schwingung, seiner »energetischen Signatur«. Diese ist der Dauerauftrag an das Leben, zieht ständig entsprechende Ereignisse an und hält das, was ihm nicht mehr entspricht, zuverlässig fern. Indem Sie sich mit einer bestimmten Energiequalität erfüllen, verändern Sie Ihre energetische Signatur, damit Ihren Dauerauftrag an das Leben und dadurch auch Ihre Lebensumstände. Sie erfüllen sich mit der erwünschten Energiequalität, indem Sie sich vorstellen, dass Sie den erwünschten Endzustand bereits erreicht haben. Sie *sind* am Ziel! Sie *haben* es geschafft! Es *ist* bereits geschehen! Spüren Sie, wie es sich anfühlt, angekommen zu sein. Im gleichen Augenblick beginnt sich Ihr Leben wie gewünscht zu verändern.

Der vierte Schritt: sympathisch sein

Sympathisch zu sein verändert Ihr ganzes Leben und Sie können von einem Augenblick zum anderen damit beginnen. Wie? Indem Sie einfach Ihre Aufmerksamkeit auf das richten, was Sie an anderen sympathisch finden. Dadurch entsteht sofort eine energetische Brücke der Sympathie, und der andere beginnt, auch Sie sympathisch zu finden. Sobald Sie so ständig sympathisch sind, ändert sich wiederum Ihre energetische

Signatur zum Positiven und Sie ziehen nach dem Gesetz der Resonanz ganz andere Ereignisse in Ihr Leben. Das zeigt sich beispielsweise als besondere Chance, als günstiger »Zufall« oder als interessante Begegnung. Alles geht plötzlich wie von selbst. Sympathisch zu sein ist der Grundbaustein des Erfolgs und des Glücks. Ihr ganzes Leben beginnt sich segensreich zu verändern, sobald Sie in die Erfahrung eintreten, ständig sympathisch zu sein.

Noch wirkungsvoller wird es, wenn es sich mit Optimismus und Humor verbindet. Sie werden ganz unmerklich eine gewinnende Persönlichkeit mit einer faszinierenden Ausstrahlung, der sich niemand mehr entziehen kann.

Der fünfte Schritt: sein Leben wirklich *führen*

Wenn Sie Ihr Leben wirklich führen wollen, brauchen Sie Zielklarheit. Sie müssen wissen, wo Sie am Ende angekommen sein wollen. Dazu gehört der optimale Umgang mit Schwierigkeiten und Problemen, denn in Wirklichkeit ist jedes Problem eine Chance zum Besseren. Fangen Sie mit etwas Einfachem an und steigern Sie sich dann: Führen Sie ein Gespräch, eine Situation, eine Beziehung, eine Firma und letztlich Ihr Leben vollkommen bewusst. Finden Sie vom Beruf über die Berufung zur Erfüllung. Lernen Sie die Kunst, die richtigen Entscheidungen zu treffen. Schaffen Sie bei allen Aspekten Ihres Lebens eine optimale Lebensqualität.

Machen Sie sich bewusst, dass Sie in jedem Augenblick die Wahl haben, und Ihr Leben ist diese Wahl. Schaffen Sie sich die Welt, in der Sie leben möchten, indem Sie dem Leben die richtigen Anweisungen geben. Ab sofort setzen Sie nur noch die richtigen, die stimmigen Ursachen, und die wichtigste Ursache ist Ihr So-Sein.

Der sechste Schritt: das Glück bestimmen

Der einzige Mensch, der Sie glücklich machen kann, das sind Sie selbst. Glück ist kein Zufall. Auch das Glück hat eine Ursache, und wenn man die kennt, kann man das Glück abonnieren. Sie können sich für das Glück geradezu magnetisch machen. Entwickeln Sie Ihr Talent zum Glücklichsein und verwirklichen Sie Ihren Traum. Da Sie schon mal leben, sollten Sie in Ihrem Dasein auch die Hauptrolle spielen!

Gesundheit ist Glück, aber auch Erfolg und Wohlstand können glücklich machen. Machen Sie Ihren Erfolg und damit Ihren Wohlstand unvermeidbar, indem Sie die richtigen Ursachen setzen. Aber auch heitere Gelassenheit in jeder Lebenssituation ist ein wichtiger Baustein zum Glück. Zum Glücklichsein gehört auch, endlich das zu tun, was Sie schon immer tun wollten. Verschieben Sie Ihr Glück nicht auf morgen oder auf nächstes Jahr, denn glücklich sein kann man immer nur jetzt. Die Zukunft wartet nur darauf, dass sie von Ihnen gestaltet wird. Beginnen Sie am besten gleich damit!

Glück bedeutet aber auch, sein Glück zu genießen. Machen Sie aus allem ein erfüllendes Abenteuer, und plötzlich gehen Sie wie Alice im Wunderland durch ein ganz neues, faszinierendes Leben. In Wirklichkeit ist es ein Glück, leben zu dürfen und jeden Tag aufs Neue damit zu beginnen. Fangen Sie gleich jetzt an, wirklich märchenhaft zu leben. Das Paradies wartet auf Sie!

Unerwünschte Ereignisse einfach nicht mehr anziehen

Auch wenn Sie alle bisherigen Schritte befolgen, kann es sein, dass Sie immer wieder mit Situationen konfrontiert werden, die eigentlich gar nicht mehr so recht zu Ihnen passen. Warum ziehen Sie immer wieder unerwünschte Ereignisse an? Das geschieht vor allem durch das unbewusste Richten der Aufmerksamkeit auf Probleme, Mangel oder auf das, was nicht sein soll. Worauf Sie Ihre Aufmerksamkeit richten, dorthin wird auch Ihre Schöpfungskraft fließen. Es geht also darum, seine Aufmerksamkeit zunächst einmal ganz bewusst von dem, was nicht sein soll, abzuziehen, damit unerwünschte Ereignisse nicht mehr unbewusst in Erscheinung gerufen werden. Dann geht es darum, seine Aufmerksamkeit ständig auf das, was sein soll, zu richten und gerichtet zu halten. Damit wird nicht nur das Erwünschte in Erscheinung gerufen, sondern auch zuverlässig verhindert, dass Unerwünschtes Schöpfungskraft bekommt.

Die bewusste Ausrichtung unserer Aufmerksamkeit ist unser bestes geistiges Werkzeug, um zu verhindern, dass unerwünschte Ereignisse angezogen werden. Wenn Sie nicht genug Geld haben, werden Sie sich dauernd mit Ihrem Mangel befassen und er bekommt eine so große Wichtigkeit, dass Sie an nichts anderes mehr denken können. Mit diesem Mangeldenken werden Sie nicht zu mehr Geld kommen können, weil Sie das Feld des Mangels mit Ihrer ganzen Energie und Aufmerksamkeit nähren. Außerdem verlieren Sie einen großen Teil Ihrer Leistungsfähigkeit und Lebensfreude, wenn Sie in finanziellen Sorgen wühlen. Jede Art von Sorgen raubt Ihnen Energie und lässt kaum Platz für Neues. Sie können sich nicht auf Ihr Weiterkommen konzentrieren, weil Ihre Gedanken stets bei Ihren Problemen sind. Letztlich bekommt das Fehlen des Geldes eine Wertigkeit, die ihm nicht zusteht.

Da Wohlstand oder Armut im Kopf beginnen, ist es sinnvoll, seine Einstellung zum Geld einmal gründlich zu überprüfen. Dabei werden Sie feststellen, dass ein Teil Ihrer Überzeugungen längst überholt oder gar schädlich ist. Sie sollten dringend geändert werden, damit sie nicht ein Ergebnis verursachen, das Sie so gar nicht wollen. Genau hier liegt die Ursache der meisten Geldprobleme, die die Menschen haben. Und hier und nur hier können Sie geändert werden – jederzeit!

In Wahrheit geht es eigentlich gar nicht ums Geld selbst, sondern um Ihr Bewusstsein und Ihre Überzeugungen, denn Geld ist ein äußerer, sichtbarer Ausdruck einer sonst unsichtbaren inneren Situation.

Vor dem physischen, materiellen Wohlstand liegen der mentale und vor allem der emotionale Wohlstand. Hier liegt die Ursache für das, was außen als Ihre erlebte Realität in Erscheinung tritt. Machen Sie sich bewusst, dass Mangel nicht schöpfungsgerecht ist. Armut ist eine geistige Krankheit und die kann jederzeit geheilt werden, indem Sie sich bewusst machen, dass Fülle der natürliche Zustand der Schöpfung ist. Fühlen Sie sich wert, diese natürliche Fülle in Ihrem Leben in allen Aspekten als Ihre erlebte Realität in Erscheinung treten zu lassen. Werden Sie sich gewahr, dass es ganz natürlich ist, im Wohlstand zu leben. Auch wenn das viele Menschen noch nicht verwirklicht haben, weil sie den Zusammenhang noch nicht erkennen, sollte Sie das nicht davon abbringen, bei sich zu bleiben. Wohlstand müsste ein Schulfach sein. Mangel ist, wie Fülle, ein Ausdruck eines bestimmten Bewusstseins, und es ist Ihre Wahl, worauf Sie Ihr Bewusstsein richten.

Das, womit Sie Ihr Bewusstsein erfüllen und wohinein daraufhin Ihre Schöpfungskraft fließt, das nehmen Sie damit geistig in Besitz. Ob Sie das nun wollen oder nicht, Sie machen es sich damit zu eigen.

Dem Leben die richtigen Anweisungen geben

Ein Lebensmanager wartet nicht darauf, dass in seinem Leben irgendetwas geschieht, sondern lässt das Leben ganz nach seinem Belieben geschehen, indem er die passenden Ursachen setzt. Er ist Meister seines Fachs und nimmt auf das Leben Einfluss, ohne es zu manipulieren. Er öffnet sich und wird nach und nach bewusster. Er ist fähig, sein ganzes Potenzial voll auszuschöpfen. Es ist nämlich so, dass man das Leben entweder spielend meistert oder überhaupt nicht. Am Start stehen Gewinner und Verlierer bereits fest. Die Verlierer bräuchten erst gar nicht zu starten, und die Gewinner bräuchten sich erst gar keine Sorgen zu machen, denn sobald die stimmigen Ursachen gesetzt sind, *muss* eine ihnen entsprechende Wirkung erfolgen. Das Leben wartet auf Ihre Anweisungen und darauf, dass Sie von Ihrer natürlichen Fähigkeit des Verursachens Gebrauch machen. Gedanken, Gefühle, Überzeugungen und Taten *sind* Anweisungen.

Alles, was Ihnen auf Ihrem Weg durch dieses Leben begegnet, ist eine Folge der von Ihnen bewusst oder unbewusst gegebenen Anweisungen. Sie müssen die Wahl treffen, wie Ihr Leben verlaufen soll, und Ihr Leben ist diese Wahl. Sie haben immer die Wahl und alles ist jederzeit möglich. Ursache und Wirkung, Saat und Ernte bedingen einander. Sie können vom Leben immer das bekommen, was Sie gern haben wollen, und auch so viel, wie Sie davon haben wollen. Das Leben wartet nur auf Ihre Anweisungen.

*Anstatt weiterhin den Mangel zu verwalten, sollten Sie
zukünftig einfach die Fülle verursachen.*

Erschaffen Sie sich die Welt, in der Sie leben möchten.
Das geschieht unter dem Motto: Das erwünschte Er-
gebnis in der Zukunft bestimmt das Handeln im Jetzt.
Ursache und Wirkung sind eins.

Hier folgen noch einmal die drei unumgänglichen
Schritte, die Sie zum Erfolg führen:

1. Zielklarheit schaffen:

Sich den erwünschten Endzustand bewusst machen
und bildhaft vorstellen. Damit bestimmen Sie, was Sie
in Erscheinung rufen wollen.

2. In den erwünschten Endzustand »hineingehen«:

Sich in der Erfüllung erleben. Sie spüren, dass es bereits
geschehen ist: Sie haben es erreicht und sind am Ziel.
Damit erfüllen Sie sich mit der Schwingung der Erfüllung. Sie bleiben so lange davon durchdrungen, bis Sie
ein starkes Gefühl der Freude und Dankbarkeit erfüllt.
Das gilt als Auftragsbestätigung des Lebens, dass der
Auftrag angenommen wurde, bereits in Arbeit ist und
in Kürze das Gewünschte eintritt.

3. Loslassen und einfach geschehen lassen:

Sie lassen es los und verweilen in der Erfüllung, bis es
als Ihre erlebte Realität in Erscheinung getreten ist. Das
Danken nicht vergessen! Sie segnen es liebevoll und

von ganzem Herzen, damit es sich segensreich in Ihrem Leben auswirkt.

Sie können wie bereits mehrmals erwähnt jederzeit in diese Erfahrung der Vollkommenheit des Tuns eintreten und Ihr Tun wird von Mal zu Mal immer vollkommener werden. Sie erleben, dass Vollkommenheit kein Ziel ist, sondern der Weg. Man kann Vollkommenheit in seinem Tun erleben, indem man jeden Augenblick mit vollkommener Freude erfüllt. Mit dieser Erkenntnis bekommt das Leben einen ganz anderen Sinn. Vollkommenheit ist kein fernes Ziel mehr, sondern in jedem Augenblick erreichbar. Sie können sofort in die Vollkommenheit des Jetzt eintreten und Ihr Tun durch die Präsenz Ihres Seins heiligen. Von einem Augenblick zum anderen treten Sie damit in ein ganz neues Leben ein. Und ganz allein Sie entscheiden, wann dieses neue und zauberhafte Leben beginnen soll.

Das praktische Erleben der natürlichen Vollkommenheit

Bevor Sie nun gleich Ihre Lebensbilanz ziehen, möchte ich noch einmal vertiefend das ansprechen, worum es wirklich geht. Alle Anweisungen, Schritte und Praktiken sind immer nur Wegweiser, die in die Vollkommenheit führen. Auch wenn keine Übungen notwendig sind, so sind es doch unterstützende Maßnahmen, die

Sie nach und nach in die Vollkommenheit führen. Auch wenn wir alle Bewusstsein sind, ist die Entwirrung der verblendeten Sicht auf den Spielplatz unseres Lebens doch etwas, das allmählich geschieht. Es entwickelt sich.

Unser wahres Wesen *ist* vollkommen. Vollkommenheit ist für uns daher etwas ganz Natürliches. Diese natürliche Vollkommenheit tritt ganz von selbst in Erscheinung, indem wir alles Unvollkommene wieder loslassen. Das mag mit einem vollkommenen Handgriff beginnen. Nehmen Sie einmal mit einer vollkommenen Bewegung ein Buch zur Hand, lesen Sie einen Satz und stellen Sie das Buch wieder mit der gleichen, fließenden Vollkommenheit zurück ins Regal. Oder Sie trinken einen Schluck Wasser: Erleben Sie einmal bewusst, wie Sie in einer vollkommenen Bewegung zum Glas greifen, einen Schluck trinken und das Glas ebenso vollkommen wieder zurückstellen. Setzen Sie sich einmal vollkommen bewusst nieder. Lassen Sie es ganz bequem und natürlich geschehen. Erleben Sie, wie Sie vollkommen Auto fahren. Jede Kurve hat ihre Ideallinie, auch wenn Sie vorschriftsgemäß rechts fahren. Jede Kurve hat auch ihre vollkommene Geschwindigkeit. Sie können die natürliche Vollkommenheit bei allem erleben, was Sie gerade tun.

Beginnen Sie den Tag vollkommen, indem Sie so früh schlafen gehen, dass Sie morgens ohne Wecker, vollkommen ausgeruht aufstehen. Putzen Sie sich ganz bewusst die Zähne und duschen Sie dann vollkommen bewusst. Ziehen Sie sich mit vollkommenen Bewegungen an und frühstücken Sie vollkommen. Schaffen Sie im Laufe des Tages viele Inseln der Vollkommenheit, indem Sie immer wieder etwas absolut vollkommen und bewusst tun, bis es für Sie ganz natürlich ist, dass Sie alles ständig vollkommen bewusst ausüben. Machen Sie aus allem einen vollkommenen Erfolg, indem Sie vor dem Eintreten des Erfolges einfach nicht aufhören. Bringen Sie jedes Vorhaben zu einem vollkommenen Abschluss. Machen Sie so aus jedem Tag ein vollkommenes Kunstwerk und gehen Sie in vollkommener Harmonie schlafen.

Lassen Sie auch Ihre Beziehung immer vollkommener werden, indem Sie selbst ein idealer Partner sind. Führen Sie jedes Gespräch vollkommen bewusst, und wenn sich eine Beziehung erfüllt hat, dann lassen Sie sie in vollkommener Harmonie zu etwas Neuem werden. Eine Beziehung hat niemals ein Ende, sie wechselt nur die Form. Sie können niemanden verlassen und auch nicht verlassen werden. Wenn ein Partner geht, dann hat er sich nicht gegen Sie, sondern nur für etwas anderes entschieden. Es ist eine Kunst und ein großes Geschenk, Menschen ziehen zu lassen und sie die Erfahrungen machen zu lassen, die sie gern machen wollen. Und wenn Sie in dieser Erfahrung keinen Platz haben, dann sollte das auch gut sein. Freuen Sie sich doch mit dem anderen, dass er sich für etwas entscheidet, was ihm Freude bereitet. Es ist nur das Ego, das rebelliert und vielleicht nicht loslassen will. In Wirklichkeit aber kann der andere nirgends hingehen, er ist und bleibt immer nur hier, er ist reines Bewusstsein, da es nichts anderes als Bewusstsein gibt. Der andere Körper kann bei einer Trennung zwar den Ort wechseln, das, was der andere aber wirklich ist, ist und bleibt Bewusstsein. Der andere ist genau so wie Sie auch nicht der Körper, er ist so wie Sie: Bewusstsein pur! Er ist das, was den Körper erscheinen lässt. Alles ist und bleibt ein und dasselbe ewige Licht.

Dieses Wissen trägt ein jeder Mensch in sich. Erforschen Sie es ganz neu und beginnen Sie es nach außen zu transportieren. Wissen muss gelebt werden, sonst ist es nutzlos.

Die Lebensbilanz

Herzlichen Glückwunsch! Auch wenn Sie alle hier beschriebenen praktischen Möglichkeiten bisher noch nicht umsetzen konnten, mit Ihrer Neugier an diesem Buch zeigen Sie eine innere Bereitschaft, die sich nach Verwirklichung sehnt. Und dieser Drang ist es, der Sie schlussendlich erwachen lässt. Geben Sie sich Zeit und haben Sie Geduld. Das Einzige was zählt ist, dass Sie sich immer wieder an Ihre wahre Identität erinnern und immer wieder achtsam sind. Es sollte kein Tag vergehen, an dem Sie sich nicht mit sich selbst, mit Ihrem Selbst, befassen. Vielleicht hilft Ihnen nachfolgende Bilanz dabei, Ihr Leben noch klarer zu durchschauen und noch mehr Gewissheit zu bekommen. Wenn sich etwas ändern soll, dann sollten Sie jetzt etwas ändern. Stellen

Sie sich doch einmal vor, Sie könnten zaubern und alles wäre möglich.

Mit folgenden Fragen können Sie Ihre Lebensbilanz erstellen, alle Anhaltspunkte niederschreiben und sich Ihrer Empfindungen bewusst werden. Nehmen Sie sich Zeit dazu und halten Sie alle Antworten schriftlich fest.

- Was ist in meinem Leben nicht optimal?
- Wie wäre es ideal, was ist mein Wunschtraum?
- Was ist zu tun, um das zu erreichen?
- Was ist das Hindernis?
- Wie kann ich es beseitigen?
- Was müsste ich lassen, um meine Gesundheit zu verbessern?
- Was könnte ich tun, um meine Gesundheit zu verbessern?
- Habe ich genug und die für mich passende Bewegung?
- Was kann ich im Bereich Ernährung, Bewegung, Gewohnheit verändern, weglassen, erneuern? Wie sieht ein optimaler Gesundheitsplan für mich aus?
- Ist meine Tätigkeit meine Berufung?
- Wie sähe meine ideale Tätigkeit aus?
- Aus welchen Fähigkeiten könnte ich eine Tätigkeit entstehen lassen, die auch für andere Menschen eine Bereicherung ist?
- Was ist zu tun, um diesen Traum zu verwirklichen?
- Habe ich genug Geld?
- Wenn nicht, warum nicht?

- Wie könnte ich zu mehr Geld kommen? Welches sind meine Fähigkeiten, Neigungen, Hobbys, die ich gern ausleben würde? (Sie sollten an erster Stelle stehen und nicht das, was scheinbar viel Geld bringt.)
- Was sagt meine Lebensbilanz? Listen Sie alle Tätigkeiten und Lebenssituationen auf und stufen Sie sie danach ein, ob Sie sie gern, weniger gern oder ungern erleben.
- In welche Lebensstationen würde ich gern gehen?
- Wo sehe ich mich zukünftig?
- Was macht mir Angst, Stress, Kummer, Sorgen?
- Was würde ich tun, wenn ich nur noch ein Jahr, einen Monat, einen Tag zu leben hätte?
- Was hindert mich daran, wirklich glücklich zu sein? Listen Sie Umstände, Gefühle, Gedanken, Befürchtungen, Glaubenssätze, Programme, Meinungen, Überzeugungen auf.
- Was würde ich einem anderen in meiner Situation raten?

TEIL III

Die Sichtweise ändern und sich aus Begrenzungen erheben

Wie festige ich mein bisheriges Wissen?

Welche wichtigen Grundsätze führen mich zum höchsten Bewusstsein?

Das »Werkzeug Körper« gesund erhalten

Im dritten Teil dieses Buches möchte ich alles, was wir uns bis jetzt gemeinsam angesehen haben, noch etwas vertiefen und verstärken. Auch werde ich ein paar Wiederholungen einflechten, damit Sie sich der Wichtigkeit der einzelnen Punkte bewusst werden können. Die wesentliche Frage ist dabei: Was können Sie zusätzlich tun, um noch bewusster durch den Alltag zu gehen?

Als Erstes möchte ich auf den Körper eingehen, denn nur wer einen gesunden Körper hat, kann das Leben in allumfassender Leichtigkeit erfahren. Bei guter Gesundheit ist es einfacher, in sich zu gehen, denn wenn man sich nicht wohlfühlt, dann ist man zu sehr mit dem Körper beschäftigt. Dann bedarf es einer größeren Überwindung, sich mit sich selbst auseinanderzusetzen. Deshalb ist es wichtig, dass Sie gut auf Ihren Körper aufpassen. Auch geht es darum, die Botschaften des Körpers zu erkennen, denn er zeigt uns auf, was korrigiert werden soll. Zudem sollten verschiedene Gesetzmäßigkeiten beachtet werden und gewisse Energiefelder, wie zum Beispiel das des Dankens und des Glaubens genutzt werden. Wir schauen uns überdies an, was es bedeutet, das Leben als Gewinner zu leben: Wenn Sie als Lebensmanager alles Wissen umgesetzt und erfahren haben, dann werden Sie in jedem Fall erfolgreich sein und können Ihr Leben zu Ihrer Freude gestalten. Zum Schluss werden wir dann noch einmal ganz tief ins Bewusstsein eintauchen, um uns das »Paradies« in uns bewusst zu machen.

Beginnen wir mit der Gesundheit: Gesundheit ist unser natürlicher Zustand. Wir brauchen nichts zu tun, um unsere Gesundheit zu erhalten, wir müssen nur damit aufhören, sie durch unnatürliches und nicht lebensgerechtes Verhalten zu stören. Sobald wir das wissen, erkennen wir Krankheit als das Ergebnis einer solchen Störung und das Symptom als eine Botschaft, die etwas über die Art der Störung zu berichten hat. Ein Symptom ist ein freundlicher Hinweis unseres Körpers, damit wir diese Störung beseitigen und er ganz von selbst den natürlichen Zustand der Gesundheit wiederherstellen kann.

Machen wir uns bewusst, was das genau bedeutet. Nicht die Krankheit oder das Symptom gilt es aufzulösen, sondern das unnatürliche Fehlverhalten, das die Krankheit ausgelöst und somit notwendig gemacht hat. Heilung ist also nicht etwas, das wir einleiten müssten. Sondern Heilung geschieht ganz von selbst, wenn wir uns wieder unsere Ursprünglichkeit aneignen.

Der Körper ist das Werkzeug Ihrer Seele. Wenn Sie den Körper nicht »artgerecht« bedienen, wird dieser Reaktionen aufzeigen müssen. Wie sonst sollten Sie wissen, dass Sie aus dem Gleichgewicht geraten sind?

Krankheiten sind also nicht Krankheiten im herkömmlichen Sinn, sondern eine notwendige Folge einer unnatürlichen Verhaltensweise.

Wir können heute durch eine geeignete Lebensführung viele Krankheiten zuverlässig vermeiden und werden auch erreichen, dass wir eines Tages mit einem intakten Körper alt werden. Wir bestimmen es dann selbst, wenn wir mit hundert oder hundertzwanzig Jahren den Körper verlassen werden. Es ist so, als ob wir uns nach getaner Arbeit niederlegen und unsere gebrauchte Hülle nach einem langen und erfüllten Leben einfach ablegen. Wir können ein wirklich hohes Alter erreichen, wenn wir im Einklang mit der Natur und mit dem Kosmos leben.

Die drei Säulen der Gesundheit sind: Bewusstsein, Ernährung, Bewegung.

Aus einem hohen Bewusstsein heraus ergibt sich eine gesunde Ernährung ganz von selbst, und auch dem Drang nach Bewegung werden Sie folgen. Der Körper und das Leben zeigen Ihnen in jedem Moment, was zu tun ist. Sie müssen nur hinfühlen, welche Bedürfnisse Ihr Körper Ihnen mitteilen möchte.

Vitalität ist ein sehr kostbares Geschenk, das Sie sich selbst machen können. Nicht jeder Mensch entwickelt im Laufe der Jahre ein gesundes Körperbewusstsein. Der Körper ist aber der Tempel der Seele und auf den sollten Sie immer ein Auge werfen. Sie lassen ja auch nicht Ihr Haus verwahrlosen, sondern halten es in Schuss. Vielleicht achten Sie auf Ihr Haus sogar besser als auf Ihren Körper. Sie streichen es an, hegen die Umgebung, pflegen den Garten und richten es hübsch ein. Ihrem Körper sollten Sie auch diese Aufmerksamkeit schenken, damit er nicht vorzeitig zusammenfällt. In unserem Kulturkreis wird der Wertigkeit des Körpers seit Langem zu wenig Aufmerksamkeit geschenkt und Körperbewusstsein muss wirklich oft erst ganz neu entdeckt werden.

Gesundheit ist ein wichtiges Kapitel, um sein Leben zu erfüllen. Bei aller Vielfalt der Möglichkeiten gibt es einige wirksame Schritte, mit denen man seine Gesundheit in jedem Alter entscheidend verbessern kann. Man sollte nicht warten und hoffen, dass sich alles von selbst irgendwie fügt, sondern dem Körper spätestens *jetzt* die notwendige Stütze geben.

Botschaften erkennen

Damit wir unsere Lebensabsicht leichter erkennen können, schickt uns das Leben ständig Botschaften. Genau genommen ist alles, was wir erleben, eine Botschaft. Das Leben spricht ständig zu uns, aber nur Wenige von uns können seine Sprache auch verstehen. Jeder Wunsch ist eine Botschaft, ebenso wie unsere körperliche Beschaffenheit und körperlichen Reaktionen, unsere Beziehungen, unser beruflicher Stand, unsere Gefühle und Gedanken, unsere Ängste und Nöte Botschaften sind. Aber auch die wirtschaftliche Situation und unsere geistige Entwicklung, der Stand unserer Inspiration und Offenheit haben etwas zu erzählen.

Wenn wir eine Botschaft nicht befolgen, wiederholt das Leben sie in deutlicherer Form, wir bekommen gewissermaßen Nachhilfeunterricht. Das Leben ist geduldig und wiederholt die Botschaft in einer immer deutlicheren Form, die wir dann oft als sehr schmerzhaft empfinden. Doch weil wir die Botschaften zuerst gar nicht bemerkt oder verstanden haben, müssen sie immer wieder erfolgen. Diese gut gemeinte Hilfestellung ist äußerst wertvoll. So erleben wir immer wieder die gleiche Situation, als wären wir in einer Endlosschleife gefangen.

Wie kann es sein, dass die Menschen es immer noch nicht gelernt haben, die Sprache des Lebens zu verstehen?

Mit den Krankheiten verhält es sich nicht anders. Die Botschaft des Körpers ist eine Information über unser nicht lebensgerechtes Verhalten. *Keine* Krankheit ist eine Strafe, sie ist nur eine Folge unseres Verhaltens und überdies immer eine Chance zum Besseren. Hinter jeder Krankheit steht daher eine unerkannte und ungelöste Aufgabe. Wenn wir eine Botschaft länger nicht beachten, schickt uns das Leben den Schmerz, der uns auf unser Versäumnis aufmerksam macht. Man müsste meinen, dass das wirkungsvoll sei, doch die Krankheit wird oft abgewürgt oder unterdrückt. Anstatt die Umstände zu durchleuchten, will man die unangenehmen Beschwerden einfach vernichten und loswerden. Vorübergehend mag das funktionieren, doch wundere man sich dann nach Jahrzehnten nicht über eine sogenannte schwere Krankheit. Eine unerkannte oder ungelebte Aufgabe lässt sich nicht unterdrücken, einschüchtern oder bestechen. Sie flammt immer wieder auf, bis wir sie eines Tages begreifen können. Wir könnten auch »Schicksalsschlag« dazu sagen, wenn wir denn wüssten, was Schicksal ist: ein selbst verursachtes Ergebnis, das uns darauf hinweist, die Sackgasse wieder zu verlassen und uns auf die Hauptstraße des Lebens zurückzubegeben.

Viele »kranke« Menschen beschweren sich, dass ihnen kein Arzt oder Heiler helfen kann. Vielleicht wäre es für sie an der Zeit, Verantwortung zu übernehmen, anstatt sie immer nur an andere abzugeben. Ein anderer Mensch kann Ihren körperlichen Schmerz vielleicht vorübergehend lindern, doch was kann er für die Ursache, die Ihrer Krankheit vorausgegangen ist? Auch hat er keinen direkten Zugriff auf diese. Nehmen Sie Ihr Leben besser selbst in die Hand, anstatt darauf zu warten, dass Ihnen irgendjemand hilft. Beachten Sie die Symptome, die Ihnen Ihr Körper gibt, und beginnen Sie damit, diese wertvollen Hinweise zu fühlen und zu verstehen.

Das Symptom selbst ist gar nicht die Krankheit, sondern die Information über die Krankheit.

Der Krankheitsverlauf zeigt getreulich die Lernschritte auf, die wir machen, und die Heilung zeigt uns, dass der Lernprozess erfolgreich abgeschlossen ist. Die Botschaft des Körpers zu befolgen, ist ratsam und ein sehr guter Weg.

Der bessere Weg aber ist es, erst gar nicht so lange zu warten, bis der Körper eine Botschaft schickt, sondern umgehend im Einklang mit sich zu sein und der Stimme des Lebens zu folgen. Wenn man vorher bereits das Notwendige tut – das, was die »Not (ab-) wendet« – braucht man kein Symptom als Nachhilfe. Das Symptom kann erst dann verschwinden, wenn es seine Aufgabe erfüllt hat, die Botschaft erkannt und befolgt worden ist und es zu einem Bewusstseinswandel geführt hat, der wirklich seinsverändernd ist. Sobald das geschehen ist, verschwindet das Symptom ganz von selbst.

Eine andere Form der Botschaft ist ein sogenanntes Problem. Jedes Problem ist in Wirklichkeit eine Aufgabe, die mir das Leben stellt und die ich zu lösen habe. Damit ergibt sich ein weiterer Entwicklungsschritt, der mir durch das Problem zuteil wird. Jedes Problem lässt mich ein Treppchen höher steigen. Wie wunderbar ist es, wenn ich das durchschaut habe und das scheinbare Problem als Geschenk ansehen kann. Wenn etwas nicht so läuft, wie ich es haben will, ist das sicher kein Problem. Warum auch? Ich kann darin kein Problem erkennen.

Das Problem liegt nur daran, dass ich etwas ändern will und mit den Gegebenheiten nicht einverstanden bin.

Diese Sichtweise hat etwas Heiliges. Etwas Heiliges wirkt heilend auf uns ein. Es ist das Ego, das eine ganz normale Situation zu einem Problem erklärt, weil es seinen scheinbar freien Willen durchsetzen und recht behalten möchte oder mit einer Situation schlichtweg nicht einverstanden ist. Man zähme das Ego – und alles wird gut!

Jedes scheinbare Problem trägt auch immer die perfekte Lösung in sich. Die Lösung wird durch eine exakte Definition des Problems sichtbar gemacht, denn man kann eine Aufgabe erst dann lösen, wenn man sie erkannt hat. Die Lösung erscheint einem persönlich als leicht oder schwierig, sie ist aber immer machbar. Geht nicht, gibt's nicht! Jede Aufgabe enthält immer nur eine Gabe, eine Erkenntnis, die man daraus gewinnen kann. Oft besteht die Lösung darin, etwas aufzugeben und loszulassen. Die harmonischere Art und Weise, mit Dingen umzugehen, ist es, ihnen Raum zu geben und sie ohne Bewertung ganz einfach sein zu lassen. So können Sie eine ganz neue Einstellung zu Problemen entwickeln.

Da ist keine Vergangenheit, die aufgearbeitet werden muss, und keine Zukunft, über die man sich sorgen müsste, da ist nur ein Jetzt, das um Ihre ganze Aufmerksamkeit wirbt. Sagen Sie Ja!

Mein individueller Gesundheitsplan ...

... um alt zu werden und dabei jung zu bleiben. Ich habe eine Liste für Sie zusammengestellt, die sich unmittelbar auf die Gesundheit bezieht. Sie enthält Themen, die in Ihr Leben mit einfließen sollten, damit Sie in Einklang mit sich selbst leben können. Sie werden sehen, wie viele Aspekte es gibt, die beachtet werden sollten. Natürlich wird jeder gewisse Dinge als wichtiger oder weniger wichtig betrachten. Deswegen rate ich Ihnen, einmal zu überprüfen, wo Ihre Prioritäten bei den einzelnen Bereichen bei einer Skala von 1 bis 3 liegen. Sie können die Zahl Ihrer Wertigkeit dafür auch gleich neben die Aussage vermerken, wenn Sie das möchten. Oder Sie spüren einfach nur hin, was die Worte in Ihnen auslösen. Machen sie Sie fröhlich? Stimmen sie Sie nachdenklich? Lehnen Sie sie ab? Halten Sie inne oder lesen Sie einfach darüber hinweg? Ist er für Sie selbstverständlich oder ein willkommener Wegweiser?

Die Prioritäten 1–3 können wie folgt eingeteilt werden:

- Eine Aussage mit Priorität 3 beinhaltet etwas, das mir sicher guttut, doch ich finde es im Moment nicht so wichtig für mich oder möchte nicht näher darauf eingehen.
- Priorität 2 hat für mich einen gewissen Grad an Aktualität und damit werde ich mich noch auseinandersetzen.

- Priorität 1 bedeutet für mich, dass mir dieser Aspekt sehr am Herzen liegt und ich ihn umgehend in mein Leben einfließen lassen werde (oder ihn ohnehin bereits lebe).

Wenn Sie sich mit etwas gar nicht identifizieren können, dann können Sie auch eine 0 oder ein Fragezeichen dazusetzen und sich diese Aussage zu einem späteren Zeitpunkt noch einmal etwas genauer ansehen.

Dies nun sind die Aspekte, um die es geht:

- Unwesentliche Dinge beiseitelassen.
- Angewohnheiten, die kostbare Zeit vergeuden (wie beispielsweise fernsehen), sein lassen.
- Wesentliche Dinge tun.
- Frische, natürliche und basische Nahrung genießen.
- So oft wie möglich frische Nahrungsmittel essen (zum Beispiel Gemüse und Rohkost).
- Mehrere kleine Mahlzeiten essen.
- Morgens nur Obst essen.
- Täglich zwei bis drei Liter gutes Wasser trinken.
- Regelmäßig entsäuern und remineralisieren.
- Auf Vitamine, Mineralstoffe und Spurenelemente achten.
- Möglichst wenig Zucker und Salz konsumieren.
- Wirklich lange und gründlich kauen.
- Das Idealgewicht erreichen und halten.
- Nach 17 Uhr nichts mehr essen.
- Täglich Vitamin C aufnehmen.

- Viel gut verträglichen Tee trinken, vorzugsweise grünen.
- Auf Alkohol verzichten.
- Keine Zigaretten und keine Drogen nehmen.
- Auf L-Carnitin, Omega-3-Fettsäuren und Q 10 achten.
- Essen und Trinken erst nach dem Segnen zu sich nehmen.
- Kein Fleisch essen.
- Möglichst wenig oder keinen Kaffee trinken.
- Keine Milchprodukte verzehren.
- Kein Auszugsmehl verwenden.
- Wenig Fett zu sich nehmen.
- Regelmäßige Darmreinigung praktizieren.
- Genügend Antioxydantien zu sich nehmen.
- Regelmäßig eine Ölziehkur machen.
- Sich auch geistig rein ernähren.
- Auf ausreichend tägliche Bewegung achten.
- Einmal täglich schwitzen.
- Bewegung mit Freude genießen.
- Keinen Leistungssport treiben.
- Das »Fitness-Studio« Treppenhaus regelmäßig nutzen.
- Auf dem Trampolin schwingen.
- Singen und Tanzen.
- Täglich Freudvolles tun.
- Die natürliche Vollatmung praktizieren.
- Regelmäßig Stretching und Räkeln üben.
- Power-Walking, wenn möglich täglich.
- Für ausreichend Schlaf sorgen.

- Ein Mittagsschläfchen genießen.
- Zu Bewusstsein kommen und dabei bleiben.
- Neutral sein, denken, sprechen, handeln und wahrnehmen.
- Täglich jünger werden.
- Das Ärgern verlernen.
- Stress auflösen und vermeiden.
- Angst und Minderwertigkeitsgefühle auflösen.
- Negative Überzeugungen erkennen und auflösen.
- Alte Muster überprüfen.
- Die Illusion des Ich durchschauen.
- Selbst-Identifikation üben.
- Liebevolles Miteinander pflegen.
- Ein idealer Partner sein.
- Sympathisch sein.
- Erfolg unvermeidbar machen.
- Den Weg der Freude gehen.
- Nicht nur dem Leben, sondern jedem Tag einen erfüllenden Sinn geben.
- Sich selbst lieben.
- Die Botschaften des Körpers verstehen und befolgen.
- Sich seine Wünsche erfüllen.
- Klare Ziele stecken und erreichen.
- Vom Beruf zur Berufung kommen.
- Sich nicht vom Wecker wecken lassen.
- Ein positives Selbstbild erschaffen.
- Probleme als Aufgaben erkennen und lösen.
- Empfindlichkeit auflösen.
- Nicht mehr urteilen, sondern neutral wahrnehmen.
- Aggressionen erkennen und auflösen.

- Im Chancenbewusstsein leben und »in Lösungen« denken.
- Jeden Mangel, auch Geldmangel beseitigen.
- Sich natürlich kleiden – ohne Kunststoffe.
- Wohnen als Therapie praktizieren und genießen.
- Täglich Zahnhygiene und Munddusche anwenden.
- Regelmäßiges still sein.
- Öfter am Tag innehalten.
- Sein Leben wirklich »führen«.
- Jedes Ungleichgewicht erkennen und beseitigen.
- Alle Aspekte des Lebens ständig optimieren.
- Aus einem normalen Alltag etwas ganz Besonderes machen.
- Die Aufmerksamkeit auf das richten, was sein soll.
- Sich selbst ein guter Freund sein.
- Wohlwollend leben.
- Ständig stimmig leben.
- Ein Liebender sein.
- Die eigene energetische Signatur täglich mehrmals überprüfen.
- Sich täglich neu ausrichten.
- Die Ampel-Imagination regelmäßig nutzen (siehe Seite 122).
- Leben im Tao: Beobachter des Lebens sein und es geschehen lassen.
- Im Einklang mit sich selbst und dem Leben sein.
- Sich über Universalheilungspunkte heilen.
- Sich alles Sinnvolle zur Gewohnheit machen.
- Seinen Idealkörper geistig in Besitz nehmen.
- Das Leben als ein Meister führen.

- Als Tagesmotto anwenden: »Sorge dich nicht – lebe!«
- Das Leben in heiterer Gelassenheit zelebrieren.
- Zur befreienden Einsicht kommen.
- Seinen Wunschtraum verwirklichen.
- Die Kunst des Genießens praktizieren.

Die Gesetze des Wohlstands

Wer das Gesetz des Wohlstands kennt, bei dem verändert sich nichts. Wer es allerdings kennt *und* lebt, der wird sein Leben in vollen Zügen genießen können. Nur wer um die Funktionsprinzipien des Universums weiß und sie anwendet, wird auch auf allen Ebenen Fülle manifestieren. Es gibt eine Wissenschaft vom Wohlstand, die genauso exakt ist wie die Mathematik. Sobald Sie die verstehen und nutzen, werden Sie mit mathematischer Sicherheit wohlhabend. Alles, was Sie erleben, ist eine Folge der von Ihnen bewusst oder unbewusst gegebenen Anweisungen. Sie treffen Ihre Wahl und Ihr Leben *ist* diese Wahl. Alles ist jederzeit möglich. Die Realität ist jederzeit bereit, jede gewünschte Form anzunehmen. Mangel und Verzicht sind nicht schöpfungsgerecht, es sei denn, Sie wollen diese Erfahrung machen. Natürlich würden Sie als Mensch eine unbequeme Erfahrung nicht freiwillig wählen, doch das, was diese Wahl trifft, ist Ihre Seele. Wenn eine Erfahrung ansteht, dann wird sie auch in Erscheinung treten.

Geld ist Ausdruck eines bestimmten Bewusstseins

und auch Mangel ist ein Ausdruck eines bestimmten Bewusstseins. Geld selbst ist völlig neutral, es ist weder gut, noch ist es schlecht, weder ist es positiv, noch ist es negativ. Geld ist Energie und fließt dahin, wohin es der Resonanz nach fließen muss. Das Resonanzprinzip von Ursache und Wirkung erfolgt meist unbewusst, doch wenn man um die Gesetzmäßigkeiten weiß, kann man genau die Voraussetzungen schaffen, die Geld verursachen.

Hart zu arbeiten muss nicht unbedingt zu viel Geld führen, da nicht die Tätigkeit selbst zählt, nicht das Wie und das Wieviel, sondern viel mehr die Ursache, auf die das Tun zurückzuführen ist. Diese Ursache hat einen Einfluss darauf, was und vor allem wie viel fließen wird. Man muss also immer etwas zurückschauen und auf den Ursprung achten. Wenn Sie ein schönes Kleid anhaben, dann wirkten viele Faktoren darauf ein, dass das Kleid entstehen konnte und jetzt als schön bezeichnet werden kann. Es geht zurück auf den Laden, dann auf den Hersteller, auf das Material, die Idee, die Verarbeitung, die Ernte der Baumwolle und so weiter. Wenn die Ursache für Ihr Kleid anders wäre und anstatt Baumwolle beispielsweise Hanf verarbeitet worden wäre, dann würde es jetzt anders aussehen.

Man bleibe also nicht in der Verstandeswahrnehmung stehen, sondern ergründe die Ausgangsebene genauer.

Der Magnetismus, der Sie reich macht, ist natürlich. Deshalb ist Überfluss etwas ganz Natürliches, und wenn

Sie nicht in der Fülle leben, dann muss es da ein Hindernis geben, das Ihnen die natürliche Fülle verwehrt. Finden und beseitigen Sie es, und die natürliche Fülle wird sich auch in Ihrem Leben manifestieren.

Wohlstand ist sehr viel mehr, als nur genug Geld zu haben, sondern wie die Weisheit der Sprache so schön sagt, bedeutet es, dass es um alles, wirklich alles in Ihrem Leben »wohl steht«. Das betrifft sowohl Gesundheit als auch Erfolg, Beziehungen, die spirituelle Entwicklung und so fort, und eben auch Geld. Denn wenn Sie nicht genug Geld haben, leben Sie nicht in der natürlichen Fülle und damit nicht in der Vollkommenheit des Seins.

Eine andere wichtige Erkenntnis ist folgende: Reich kann man nicht werden, sondern reich muss man sein. Was Sie sich nicht zu eigen gemacht haben, kann sich auch im Außen nicht manifestieren. Hier kommt das Gesetz zum Tragen: Wie innen, so außen. Sie können mit einem Fahrrad auch nicht Boot fahren, die Eigenschaft der Gerätschaft muss für den entsprechenden Zweck ausgerichtet sein. Wenn Sie innerlich erfüllt und jenseits der Persönlichkeit sind, dann kann so etwas wie Mangel nicht existieren.

Sie können Ihren inneren Reichtum aber jederzeit beliebig vermehren und dann muss er im Außen, als Ihre Realität, in Erscheinung treten. Es heißt nicht umsonst: Von nichts kommt nichts. Sehr hilfreich ist es, wenn Sie Ihre Vorstellung des Reichtums mit dem persönlichen Magnetismus verbinden, also in der Vorstellung auf den Reichtum »zurückblicken«, als sei er bereits in Ihrem Leben. Leben Sie in dem Empfinden, dass Ihnen Reichtum von allen Seiten zufließt und sich alles, was Sie anfassen, als Wohlstand manifestiert. Entscheidend ist, dass Sie das nicht nur innerlich sehen können, sondern dass Sie fühlen, wie es geschieht.

Ich will nicht sagen, dass arm »schlecht« und reich »gut« ist, denn beide Erfahrungen sind sehr wertvoll auf dem Lebensweg. Und es ist so, dass wir alle jede Form von Erfahrung benötigen, das heißt, dass wir alle irgendwann arm und reich waren, sind oder sein werden. Die Erfahrungen sind individuell und jede Seele wird sie zur gegebenen Zeit erleben. Ich möchte Ihnen aber zugleich aufzeigen, dass Sie je nach Bewusstsein die Möglichkeit haben, steuernd in Ihr Leben einzugreifen. Aber erst wenn Sie wissen, dass Sie die Wahl haben, werden Sie davon Gebrauch machen können. Nur wenige Menschen in dieser Welt unternehmen etwas mit der Absicht, keinen Erfolg zu haben. Warum sollten sie auch?

Zugleich gibt es wache Menschen, die sich einfach dem hingeben, was ist, und frei von jeder Absicht leben. Es ist die Königsdisziplin, nichts mehr zu wollen und das Leben dem Göttlichen in sich selbst zu übergehen. Bis wir dafür die nötige Reife erlangt haben, können wir neben den verschiedenen Erfahrungen, die wir machen, auch bewusst Ursachen setzen, um weitere und neue Erfahrungen zu sammeln. Das Spannende und Amüsante daran ist, dass es sowieso seinen Lauf nimmt, da es die Eine Kraft ist, die uns innewohnt und die durch uns wirkt, die uns die Dinge tun lässt.

In jedem Augenblick Ihres Lebens stehen Sie an einer Weggabelung. Der eine Weg führt in die sogenannte Armut, der andere in den sogenannten Wohlstand. In jedem Augenblick müssen Sie sich entscheiden, denn Sie können nur einen Weg gehen.

Geld hat eine bestimmte Schwingung und Sie haben eine bestimmte Schwingung. Wenn beide übereinstimmen, ziehen Sie Geld wie magnetisch an, wenn nicht, stoßen Sie es zuverlässig ab. Fülle ist ein universelles Prinzip und es ist daher natürlich, dass Sie in der Fülle leben. Worauf Sie Ihre Aufmerksamkeit vorwiegend richten, das wird vom Leben verwirklicht. Sie können so viel Wohlstand in Ihr Leben ziehen, wie Sie sich vorstellen und glauben können. Wenn Sie sagen: »Das kann ich mir nicht leisten!«, stellt das Unterbewusstsein die Arbeit ein. Sagen Sie aber: »Wie kann ich mir das leisten?«, beginnt das Unterbewusstsein seine Kreativität zu aktivieren und sofort einen Weg zu suchen. Wenn Sie allerdings sagen: »Ich leiste mir das jetzt!«, dann kann etwas ganz Besonderes geschehen. Lassen Sie sich doch einfach überraschen. Eine große Portion Vertrauen und Überzeugung wird Sie dabei unterstützen.

Jeder Mensch ist ein Energiefeld mit einer ganz persönlichen Schwingung, der viel besprochenen energetischen Signatur. Ich möchte hier noch einmal darauf eingehen, da es unmöglich ist, diesen Faktor zu ignorieren. Ständig senden wir diese persönliche energetische Signatur aus und verursachen entsprechende Ereignisse. Nach dem Gesetz der Resonanz können wir nur das in unser Leben ziehen, was dieser Signatur entspricht. Wir halten zuverlässig alles fern, was ihr nicht entspricht.

Deswegen können sich manche der zuvor gesetzten Ursachen nicht verwirklichen, weil die eigene energetische Signatur die stärkere Ursache ist. Wohlstand ist eine bestimmte Signatur, die das, was Sie Wohlstand nennen, im Außen in Erscheinung treten lässt. Ist diese energetische Signatur des Wohlstands nicht vorhanden, kann sich Wohlstand auch nicht manifestieren. Sie können sich für ein ganz bestimmtes, erwünschtes Ereignis magnetisch machen, indem Sie es geistig in Besitz nehmen. Das geschieht, indem Sie sich in der schöpferischen Imagination bereits am Ziel erleben, es also gefühlsmäßig und innerlich so lange als erreicht erleben, bis Sie von einem starken Gefühl der Freude und der Dankbarkeit erfüllt sind.

Erwünschtes in Erscheinung treten lassen

Dieser Ablauf sollte unbedingt genau so erfolgen:

- Sie nehmen Ihre erwünschte Situation geistig in Besitz und machen sie sich zu eigen.
- Sie erleben sich in der erwünschten Situation und verankern sie durch die Macht der Wiederholung.
- Sie machen sich bewusst: Ich bin der, der es erreicht hat, der bereits am Ziel ist.
- Sie atmen, denken, fühlen und handeln als der, der von Freude und Dankbarkeit erfüllt ist.
- Sie genießen die erwünschte Situation.

Vergessen Sie für einen Augenblick Ihre momentane Situation. Es ist ohne jegliche Bedeutung, was Sie jetzt sind und was Sie derzeit haben, denn beides ist nur ein Spiegelbild Ihres derzeitigen Bewusstseins. Mögen die äußeren Lebensumstände auch noch so ungünstig erscheinen, sie erscheinen Ihnen nur so.

Eine Erscheinung ist nicht real, sie ist nicht beständig – und das Gute daran ist, dass sie vorübergeht und sich alles immer wieder neu auf Ihr Bewusstsein einpendeln wird.

Sie haben also die Möglichkeit, sich in jeder Sekunde neu auszurichten. Alles unterliegt einem ständigen Wandel, also kommt nach jedem scheinbaren Tief auch wieder ein Hoch. Dieser Aspekt sollte Ihnen Mut und Kraft spenden, damit Sie sich nicht zu sehr in den scheinbaren Gegebenheiten verstricken und sich nicht zu intensiv damit identifizieren.

Indem Sie die Richtung Ihrer Aufmerksamkeit ändern und Ihr Bewusstsein mit der natürlichen Fülle des Lebens erfüllen, verwandelt, ja verzaubert sich Ihr ganzes Leben, unabhängig davon, wie die allgemeinen Lebensbedingungen derzeit gerade sind. Damit haben Sie ein zuverlässiges Werkzeug, um vom Leben zu bekommen, was immer Sie wollen. Richten Sie Ihre Aufmerksamkeit und damit Ihr Bewusstsein möglichst oft und irgendwann ständig auf die natürliche Fülle des Lebens. Letztlich fließt Ihre Schöpfungskraft unaufhörlich und diese energetische Fülle wird sich auch materiell verwirklichen können. Irgendwann ist in Ihrem

Bewusstsein kein Platz mehr für Mangel, Überlegungen, Zweifel, Sorgen, Ängste und Nöte. Schaffen Sie sich durch das bewusste Richten Ihrer Aufmerksamkeit ein umfassendes Wohlstandsbewusstsein und erleben Sie, wie Sie spielend reich werden, denn das Leben meistert man spielend – oder überhaupt nicht.

Wenn Sie nichts von Ihren begrenzenden Vorstellungen wissen, die Sie unbewusst blockieren und die Fülle verhindern, dann überprüfen Sie sich einmal. Gehen Sie gedanklich alle Ihre Lebensbereiche durch und schreiben Sie Ihre Überzeugungen nieder. Schreiben Sie nicht auf, was Sie in diesem Bereich denken sollten, sondern das, was Sie wirklich glauben und wovon Sie zutiefst überzeugt sind. Schreiben Sie diese Vorstellungen und Überzeugungen auf die linke Seite eines Blattes und auf die rechte Seite schreiben Sie dann eine entsprechende neue Überzeugung, die Ihrem neuen Wertmaßstab entspricht.

Das könnte in etwa so aussehen:

Man kann im Leben nicht alles erreichen.	Ich erreiche im Leben, was auch immer ich will.
Es ist schwer, gute Freunde zu finden.	Ich bin ein guter Freund. Freunde sind bereits da.
Man kann nicht alles haben.	Ich erfülle mir jeden Wunsch, der stimmig ist.

Erfolg zu haben ist mühsam.	Erfolg zu haben macht Freude.
Ich habe nie genug Zeit.	Zeit steht mir in Hülle und Fülle zur Verfügung.
Alter macht krank.	Ich bin ewige Jugend und Gesundheit.
Das Leben trägt Enttäuschungen in sich.	Ich lebe frei von Erwartungen.
Es geht nicht immer alles glatt.	Alles geschieht nach meiner Entsprechung.

Es ist ratsam, sich auch dort positive Glaubenssätze zu schaffen, wo Sie vielleicht keine negativen Muster vorgefunden haben. Hier einige Beispiele für hilfreiche Affirmationen:

- Es gibt immer eine Lösung.
- Ich kann die Aufgabe jetzt lösen.
- Ich bekomme immer rechtzeitig alles, was ich wirklich brauche.
- Das Leben bietet mir viele Möglichkeiten, dem Ganzen zu dienen und dabei mein Einkommen beliebig zu steigern.
- Ich bin dankbar für einen endlosen Strom praktischer Ideen, die das Leben mir schickt, um immer erfolgreicher zu werden.

- Alles will mir immer nur dienen und helfen.
- Ich erkenne und nutze meine Chancen.

Mit solchen Glaubenssätzen räumen Sie sehr schnell mit Ihrem Mangelbewusstsein auf und schaffen damit Platz für ein umfassendes Wohlstandsbewusstsein. Überprüfen Sie immer wieder Ihre Glaubenssätze und erfinden Sie ständig weitere, die Ihrem inneren Maßstab entsprechen. Noch ein paar Beispiele:

- Das Leben ist ein Spiel und macht Freude.
- Die Welt bietet mir überall Fülle.
- Es gibt grenzenlos viele interessante Möglichkeiten in meinem Leben.
- Erfolg und Geld zu haben ist gut.
- Ich bin von Natur aus ein Gewinner.

Das Gesetz der Anziehung und Abstoßung

Eine weitere Gesetzmäßigkeit ist die der Anziehung und Abstoßung. Wer das Resonanzprinzip erkannt hat, der wird es auch vollumfänglich für sich nutzen können. Sicherlich wissen Sie nun mittlerweile, warum Ihr Leben so ist, wie es ist. Sie erkennen, warum es im Moment gar nicht anders sein kann. Wenn Sie etwas unbedingt haben wollen oder dringend brauchen, dann befinden Sie sich in einem Mangeldenken. Sie denken also an etwas, was Sie nicht haben, und schaffen damit die Energie der Abstoßung. Je stärker Ihr Wunsch ist, desto stärker wirkt die Abstoßung, und Sie haben keine Chance, das Gewünschte zu erhalten. Das gleiche Gesetz wirkt, wenn Sie etwas unbedingt aus Ihrem Leben fernhalten wollen, denn damit ziehen Sie es geradezu magnetisch an.

Warum habe ich bisher meinen Traum noch nicht verwirklicht? Was genau sind die Hindernisse, Schwierigkeiten, Grenzen oder Unmöglichkeiten? Haben Sie sich das schon einmal gefragt? Einen Mangel muss man sich zuerst bewusst machen, um ihn danach auflösen zu können, weil es dieser Mangel ist, der es schafft, die Erfüllung zuverlässig zu verhindern.

Wenn Sie gern mehr Geld hätten, dann richten Sie Ihre Aufmerksamkeit wahrscheinlich auf mehr Geld. Warum aber kommen Sie erst auf diese Idee, dass das helfen könnte? Oder denken Sie, dass es automatisch geschieht? Wahrscheinlich ist der Auslöser des Nachdenkens der Glaube daran oder die Hoffnung, so den Mangel beheben zu können. Sie richten Ihre Aufmerksamkeit dabei aber auf etwas, das Sie nicht haben, aber haben wollen – und verstärken damit den Mangel. Sie denken nämlich: »Ich habe nichts und das will ich ändern«, oder »Ich habe wenig und will es vermehren.«

Unsere Aufmerksamkeit wird von unserer Motivation gesteuert, und die will etwas haben, um etwas anderes zu vermeiden. Unsere Motivation läuft unterhalb des Denkens ab und ist uns daher meist gar nicht bewusst. Sie funktioniert über die Gefühle, und die sind ein sicherer Indikator, ob nun eine positive oder eine negative Motivation hinter der Absicht steckt. Wenn es sich angenehm anfühlt, geht es Ihnen wirklich darum, genau das zu wollen, was Ihr Wunsch beinhaltet, weil Sie Freude daran haben. Fühlt es sich hingegen unangenehm an, dann geht es um etwas, das Sie vermeiden, ändern oder loswerden wollen. Vielleicht ist dieses Ändern-Wollen sogar noch mit der Angst des Versagens und der Angst vor möglichen Folgen verbunden, die eintreten könnten, wenn der Wunsch unerfüllt bleibt. So aber wird das nichts!

Prüfen Sie also stets die Motivation, die hinter einem Wunsch steht. Wenn Sie sich beispielsweise mehr Geld wünschen, dann wollen Sie gar nicht wirklich das Geld, sondern einfach, dass Ihre Miete bezahlt ist, damit Sie nicht ausziehen müssen. Oder Sie möchten sich etwas kaufen, um anderen zu gefallen und von ihnen nicht abgelehnt zu werden. Oder Sie wollen vielleicht keine Sorgen mehr haben. Also müssen Sie sich nichts wünschen, um etwas zu bekommen, sondern sollten sich eher bewusst machen, dass Sie etwas vermeiden wollen. Der Wunsch nach mehr Geld kann in diesem Fall das Gegenteil bewirken und Ihnen noch mehr Sorgen bereiten. Deswegen sollten Sie den Geldwunsch durch folgende Frage ersetzen: »Was will ich anstatt der Sorgen haben?« Nachdem Sie sich diese Frage gestellt haben, können Sie sich die passende Antwort geben, beispielsweise: »Es wäre schön, in der Leichtigkeit zu leben und mich wohlzufühlen«, denn das ist es, was Sie wirklich wollen. Also kehren Sie einen Vermeidungsgedanken einfach in sein erwünschtes Gegenteil um.

Dieses »Es wäre schön …« wollen wir nun aus der Möglichkeitsform in die Verwirklichungsform transformieren, indem wir uns in das Ziel hineinleben, als ob es schon geschehen wäre. Wir sehen uns in dieser Wunschsituation und fühlen sie als geschehen. Es geht darum, erst am Ziel zu sein, bevor Sie sich auf den Weg machen. Das ist das Geheimnis der Erfüllung, das ich schon oft erwähnt habe. Ich möchte es hier noch einmal kurz ansprechen, weil es so wirkungsvoll ist. Es wäre schade, wenn Sie es nicht nutzen würden.

Sich gesund, vital und jung zu erleben, das ist schöpferische Imagination, die sich durch sich selbst verwirklicht. Mit allen Sinnen angekommen zu sein und zu erleben, dass es bereits geschehen *ist*, das ist der Schlüssel zum Erfolg. Ganz gleich, was Sie im Leben erreichen wollen, Sie werden es schneller, leichter und zuverlässiger erreichen, wenn Sie sich vorstellen, bereits selbst das Ziel zu sein, und das noch bevor Sie sich auf den Weg machen.

Erst gewinnen, dann beginnen.

Bevor Sie etwas anfangen, nehmen Sie es also geistig in Besitz und machen es sich so zu eigen. Alles, was Sie so bereits haben, kann Ihnen das Leben nicht mehr vorenthalten, denn damit *ist* es auf der Kausalebene bereits geschehen. Es ist zu Ihrer Wirklichkeit geworden – und die heißt »Wirklichkeit«, weil alle Realitäten dadurch bewirkt werden.

Das Geheimnis der Wohlstandsteilung

Nachdem wir die Gesetzmäßigkeiten des Wohlstands kennengelernt haben, auf die auch die der Anziehung und Abstoßung aufgebaut sind, darf das Geheimnis der Wohlstandsteilung nicht fehlen, welches ich Ihnen auf gar keinen Fall vorenthalten möchte. Es ist ein sehr wichtiger Punkt, denn der, der mit dem Herzen gibt, wird tausendfach dafür belohnt werden. Deshalb möchte ich Ihnen hier verraten, wie man seinen Wohlstand vervielfacht: indem man ihn teilt! Eine kleine Geste des Wohlwollens, der Freundlichkeit und der Liebe für einen Unbekannten kann Ihr ganzes Leben verändern, ja verzaubern.

Wenn Sie beispielsweise in einem Blumengeschäft eine Rose kaufen und die Verkäuferin bitten, diese der nächsten Dame mit einem lieben Gruß von einem Unbekannten zu überreichen, entsteht ein positives energetisches Ungleichgewicht, das nach dem Gesetz des Ausgleichs vom Leben umgehend wieder ausgeglichen werden muss, indem auch Ihnen etwas Gutes widerfährt. Machen Sie also öfter solche kleinen oder größeren »Schenkungen«. Das kann eine freundliche Geste sein, die Sie in jeder Situation ausführen können. Wichtig ist dabei nur, dass Sie unerkannt bleiben, sodass der andere keine Möglichkeit hat, sich bei Ihnen zu bedanken, sonst schließt sich der Kreis energetisch sofort. Tut er das nicht, muss das Leben einen anderen Weg des Ausgleichs schaffen, und das tut es dann auch meist umgehend. Wenn Sie Ihr Bewusstsein darauf richten, werden Sie den Ausgleich erkennen – und er ist immer größer als die Ursache, die von Ihnen gesetzt worden ist.

Wenn ich das allerdings mit der Absicht tue, mehr vom Leben zu bekommen, sende ich damit die Energie des Mangels aus und der Ausgleich wird über den Mangel erfolgen. Entscheidend ist immer die Motivation, Ihre Geste sollte also natürlich von Herzen kommen. Ganz schön wäre es beispielsweise, wenn Sie der kleinen Aufmerksamkeit eine Karte mit Ihren (anonymen) besten Wünschen beilegen. Wenn Sie wollen, dann kann das auch Ihr Segen sein oder eine Anregung, diese Freundlichkeit doch an einen weiteren Unbekannten weiterzugeben. So entsteht aus einer einzigen kleinen Geste eine Welle des Wohlwollens, die um die ganze Erde gehen kann.

Zu einer kleinen Geste des Wohlwollens und der Liebe gibt es ständig Gelegenheiten:

- Im Café zahlen Sie einen Kaffee für einen späteren Gast und hinterlassen ihm das Kärtchen mit der Anregung der Weitergabe.
- Im Kino bezahlen Sie den Eintritt für den Nächsten mit der Bitte an die Kassiererin, ihm ein kleines Kärtchen mit Ihren (anonymen) besten Wünschen zu übergeben.
- Im Museum können Sie den Eintritt für den Nächsten bezahlen.
- Beim Sessellift können Sie dem Nächsten eine Fahrt schenken.

- Bei der Straßenmaut können Sie eine zusätzliche Karte lösen und am Schalter liegen lassen.
- Am Kiosk können Sie eine bestimmte Zeitung für den bezahlen, der sie als Nächstes verlangt.
- Bei der Post übernehmen Sie das Briefporto für den Nächsten.
- Im Zoo lösen Sie den Eintritt für den Nächsten.
- Wo immer sich die Gelegenheit ergibt, können Sie so einem anderen das Leben ein bisschen verschönern und ihm Freude bereiten.

Und immer bleiben Sie unerkannt, sodass das Leben einen automatischen Ausgleich schaffen muss. Eine kleine, liebevolle Geste hat die Macht, die Welt zu verändern, sodass wir eines Tages die Welt in einem Zustand verlassen, der ein bisschen besser ist als der, in dem wir sie vorgefunden haben. Alles, was Sie tun, sollte ohne Absicht geschehen. Alles, was ohne Mühe geschieht, wird Früchte tragen.

Die hohe Kunst der Mühelosigkeit

Begegnen Sie der hohen Kunst der Mühelosigkeit. Ohne Mühe alles zu erreichen, das ist kein Traum, es kann jetzt Wirklichkeit werden. Als Gott die Welt erschuf, geschah das in völliger Mühelosigkeit. Gott sagte: »Es werde Licht«, und es ward Licht. Auch die Natur funktioniert völlig mühelos und wählt stets den leichtesten

Weg. Das Prinzip ist auch als mathematisches Gesetz bekannt, als das Prinzip des geringsten Aufwands. Alles im Universum folgt diesem Prinzip, warum sollten wir das nicht auch bewusst tun? Alles geschieht völlig mühelos, solange wir keinen Widerstand leisten.

Zur Mühelosigkeit gehört auch das bereits erwähnte Motto: »Erst gewinnen, dann beginnen!« Erst am Ziel sein, dann den ersten Schritt tun. Nichts kann in Erscheinung treten, was nicht zuvor in Besitz genommen worden ist. Indem Sie sich vorstellen, dass es bereits da ist, ist es *vollbracht*. Vergessen Sie dabei aber nicht, es auch zu fühlen, denn nur verinnerlichte Vorstellungen werden sich manifestieren können.

Sorgen Sie dafür, dass Sie unerwünschte Ereignisse einfach nicht mehr anziehen, und erschaffen Sie sich dann, was immer Sie wollen. Ihre energetische Signatur ist der Magnet, der anzieht, was Ihnen entspricht, und fernhält, was Ihnen nicht entspricht. Leben ist letztlich nichts als ein Spiel der Energien. Indem Sie die Richtung Ihrer Aufmerksamkeit ändern, ändert sich Ihr ganzes Leben. Kommen Sie vom Werkeln ins Wirken. Wer wirkt, ist an die Eine Kraft angeschlossen, denn es ist diese Eine Kraft, die durch Sie wirkt. Wahrer Erfolg ist immer mühelos, und indem Sie das leben, bringen Sie Freude in Ihr Leben. Entfernen Sie jedes Muss aus Ihrem Dasein, denn im Spiel des Lebens gibt es kein Müssen. Sobald Sie etwas müssen, endet das Spiel. Es geht nicht darum, vorwärts zu kommen, irgendetwas zu erreichen oder sich zu verwirklichen. Die sogenannte Entwicklung ist nichts Handfestes, denn sie geschieht *in* Ihnen. Alles geschieht unsichtbar, ohne Ihr »Wissen« und ohne Ihr bewusstes Zutun. Sobald Sie sich ganz auf das Jetzt einlassen und wirklich das Leben spielen, erleben Sie die Leichtigkeit des Seins.

So können Sie auch für alles den optimalen Zeitpunkt erkennen, denn alles hat seine Zeit. Das Richtige zur falschen Zeit, nun, es ist ebenso falsch. Also muss auch der Zeitpunkt stimmen. Und da das Ganze nur ein Spiel ist, sollten Sie sich und das Leben nicht allzu ernst nehmen. In diesem Spiel geht es nicht darum, zu gewinnen, sondern nur darum, bewusst zu spielen und vor allem: das Spiel zu genießen.

Erkennen Sie, dass Sie in jedem Augenblick den Zugang zu jeder Ebene des Seins nutzen können. Es ist Ihre Entscheidung, ob Sie weiterhin das Opfer spielen wollen oder ob Sie sich hier und jetzt als Schöpfer erfahren möchten. Mensch oder Meister? Wie steht es mit Ihnen? Wenn Sie sich dafür entscheiden, ein Meister zu sein und Ihr Leben ab sofort selbst und ganz bewusst zu managen, dann machen Sie doch einfach Ihr Unterbewusstsein zu Ihrem Verbündeten. Es wird Ihnen die Richtung weisen.

Das Unterbewusstsein als Helfer

Das Unterbewusstsein hat eine unnachahmliche Beharrlichkeit, seinem inneren Programm zu folgen. Das ist eine sehr sinnvolle Eigenschaft, denn dadurch brauchen wir nicht bei jedem Schritt unser Verhalten neu zu bestimmen, sondern überlassen dem Unterbewusstsein die automatische Wiederholung des bisherigen Verhaltens.

Das Unterbewusstsein wird dieses Verhalten so lange getreulich wiederholen, bis es ein neues Programm erhält. Es bekommt dieses ebenfalls durch Wiederholung und wird dabei das bisherige, für uns unerwünschte Verhalten automatisch löschen. Das neue Programm wird also durch eine klare Definition, Überzeugung und Imagination sowie mindestens 21-maliger Wiederholung verankert. Wenn Sie Ihr Verhalten ändern möchten, aber das bisherige Programm bestehen lassen, müssen Sie ständig gegen Ihr Unterbewusstsein ankämpfen, und da das Unterbewusstsein unermüdlich ist, lässt sich dieser Kampf nicht gewinnen.

Dabei ist unser Unterbewusstsein aber jederzeit dazu bereit, ein erwünschtes neues Programm anzunehmen. Wir müssen es nur durch Wiederholung verankern und damit das bisherige Programm unwirksam machen. Unser Unterbewusstsein wird das neue Programm genauso zuverlässig über unser Verhalten in Erscheinung treten lassen, wie es das mit dem bisherigen gemacht hat, weil es ein Programm nicht beurteilt, bewertet oder einordnet. Es folgt ihm einfach, sobald es verankert ist.

Voraussetzung dafür ist allerdings, dass Sie selbst daran glauben und davon überzeugt sind. Wenn Sie es in Frage stellen, wie soll es dann funktionieren? Ihr Unterbewusstsein wird durch Ihren Glauben überzeugt. Wenn Sie also etwas wiederholt machen, aber selbst gar nicht davon überzeugt sind, kann auch Ihr Unterbewusstsein nicht daran glauben und wird beim bisherigen Programm bleiben. So lange, bis Sie Ihre Überzeugung geändert haben. Etwas also nur zu tun, weil man hofft, dass sich dadurch etwas ändern kann, ist absolut wertlos. Sie sollten etwas aus Überzeugung tun, denn die Hoffnung allein wird Ihnen nicht sehr hilfreich sein.

Wenn Sie sich aber dafür entscheiden und Ja dazu sagen, dann wird Ihr Unterbewusstsein Ihr bester Freund und Helfer sein. Dann verwirklicht es getreulich, was immer Sie sich wünschen und ihm durch ausreichende Wiederholung und feste Überzeugung als erwünscht mitteilen. Mit einer festen Überzeugung können Sie sich daran machen, mit der zuverlässigen Hilfe Ihres Unterbewusstseins alle Aspekte Ihres Lebens zu überprüfen, in der erwünschten Weise zu verändern und diese Veränderung gleich als neues Programm in Ihrem Unterbewusstsein zu installieren. Sie erfinden sich gewissermaßen so ständig neu, und ohne besondere Mühe wird Ihr Verhalten dem neusten Stand Ihrer Erkenntnis und Ihrer Wünsche folgen.

Die einzelnen Schritte hierzu lauten zusammengefasst: Durch Imagination schaffen Sie das erwünschte Verhalten oder den erwünschten inneren Zustand und integrieren ihn in das tägliche Leben, indem Sie sich voller Freude und Dankbarkeit erleben – und zwar in allen möglichen Situationen Ihres Alltags, in denen Sie sich wie gewünscht verhalten. Sie bestätigen und installieren das Gewünschte in Ihrem Leben, indem Sie es 21-mal wiederholen, dies kann tatsächlich oder in Ihrer Vorstellung geschehen. Und schon wird Ihr Unterbewusstsein danach handeln.

Die Kraft des Dankens

Erlebte Dankbarkeit ist der schnellste Weg zur Erfüllung. Indem Sie im Geist dankbar empfangen, *ist* es bereits geschehen. Erlebte Dankbarkeit ist der schnellste Weg, um in die Frequenz des Empfangens zu kommen. Erleben Sie in der Imagination, dass es bereits passiert, dass es schon erfolgt ist, dass Sie das Erwünschte bereits bekommen haben und dass Sie am Ziel sind.

Fühlen Sie, dass es geschehen ist, und spüren Sie die Dankbarkeit tief in Ihrem Inneren. Aber nicht nur Dankbarkeit zu fühlen, sondern die Dankbarkeit in den Dingen zu entdecken, das ist wahre Freude und sogar Magie. Ohne Gefühl ist der Wunsch nur gedacht und nicht verinnerlicht worden. Er kann aber nur zur Realität werden und sich manifestieren, wenn alle Ebenen sich erfüllen. Ein Wunsch allein ist also nicht ausreichend, um das Leben zu verändern. Nicht nur das fehlende Gefühl, auch der Zweifel und der Unglaube sind Störfaktoren, die Sie unbedingt beseitigen sollten. Erlebte Dankbarkeit bestätigt Ihnen die Erfüllung Ihrer Vorstellungen und Ziele. Dankbarkeit ruft genau das in Erscheinung, wofür Sie dankbar sind.

Ehrlichen Herzens zu danken, das ist der Anfang aller Wunder. Der Dank ist das wirksamste Gebet, da es immer erhört wird. Keiner wird je vergebens danken. In dem Augenblick, in dem Sie Dankbarkeit für etwas fühlen und sie allumfassend erleben, ist das, wofür Sie sich bedanken, bereits auf dem Weg zu Ihnen. Das Leben findet immer den bestmöglichen Weg, um es als erlebte Realität in Erscheinung treten zu lassen. Überlegen Sie nicht, wie das geschehen könnte oder wie das funktionieren soll, denn das zu bestimmen ist nicht Ihre Aufgabe. Sie haben Ihren Teil bereits erfüllt und sollten bei sich bleiben. Überlassen Sie den Erfüllungsweg dem Leben oder besser gesagt Ihrem höheren Bewusstsein. Vertrauen Sie.

Ihr Bewusstsein lenkt über das »Werkzeug Leben« Situationen, Handlungen anderer Menschen, Begegnungen oder den »Zufall« immer nur so, wie es Ihnen, also Ihrem Selbst entspricht. Wenn Sie danken, wird Ihnen gegeben werden. Die erlebte Dankbarkeit ist der Beweis für den Glauben, ansonsten könnten Sie nicht dankbar sein. Danken können Sie immer nur für etwas, das Sie erhalten haben. In der Regel fühlen Sie das Gefühl der Dankbarkeit, wenn Ihnen gegeben wird. Deshalb machen Sie es nun ganz einfach umgekehrt: Sie fühlen die Dankbarkeit, bevor etwas sichtbar oder spürbar geworden ist – und es wird sich zeigen müssen. Dankbarkeit ist der vollzogene Glauben, der Welten bewegen kann. Aber auch Ihr Selbstbild ist eine Ursache, das Wirkungen nach sich zieht. Ein »Danke« wirkt wahre Wunder. Wenn der Dankende dann noch bei vollem Bewusstsein ist und aus seinem höchsten Selbst heraus wirkt, dann steht seinem Glück nichts mehr im Wege.

Das Bild, das wir von uns selbst haben, ist deshalb so wichtig, weil die Welt, die wir erleben, eine Reflexion unserer Überzeugung ist. Wie sehr uns die Welt gefällt, wie gut es uns geht und wie viel wir im Leben erreichen werden, alles das wird von unserem Selbstbild bestimmt. Sie bestimmen Ihr Selbstbild meist unbewusst, können es aber jederzeit bewusst neu gestalten. Der erste Schritt besteht darin, die Art zu überprüfen und gegebenenfalls zu optimieren, wie Sie über sich selbst denken und sprechen. Wenn Sie sich als erfolgreich ansehen, werden Sie auch erfolgreich sein. In unserer Welt gibt es Menschen, die glücklich sind, und andere, die permanent unglücklich sind. Aber es gibt auch Menschen, die ein schlechtes Gewissen bekommen, wenn es ihnen gerade einmal gut geht – und da sie erwarten, dass dies nicht lange so bleiben wird, ändert es sich auch sehr schnell wieder. Sie werden in Ihrem Leben so viel Glück haben, wie Sie erwarten. Wenn wir uns selbst nicht mögen, lassen wir das an uns aus. Unbewusst ziehen wir Unfälle, Krankheiten oder Mangel in unser Leben. Wir sabotieren das eigene Glück, ohne es zu bemerken, nur weil wir uns nicht wert fühlen, es zu erleben.

Ihr Selbstbild ist eine Überzeugung, die Sie als Realität erleben. Niemand anders kann ohne Ihre Zustimmung Ihre Realität verändern. Sie erschaffen Ihre Realität auch dann, wenn Sie sich dessen nicht bewusst sind. Sie senden ständig ein Signal Ihres So-Seins aus und ziehen damit ständig die entsprechenden Ereignisse in Ihr Leben. Das Gesetz der Anziehung sorgt dafür, dass jeder das ihm entsprechende »Schicksal« erlebt. Sie können also weitermachen wie bisher oder in diesem Augenblick in das faszinierende Abenteuer Leben eintreten und zu dem erwachen, was Sie sind, immer schon waren und immer sein werden – die eine und ewige Vollkommenheit. Glauben Sie an sich und nutzen Sie Ihr Potenzial.

Die Stärke des Glaubens nutzen

Was Sie glauben bestimmt das, was Sie erleben, denn eine Erfahrung folgt immer einer Überzeugung. Wahrer Glaube ist wirklichkeitserschaffend. Aber in dem Maße, wie wir unsere Überzeugungen nicht bewusst bestimmen, entzieht sich die Realität unserer Kontrolle. Sie haben immer nur so viel Gesundheit, Erfolg, Geld, Erfüllung und Glück, wie Ihr Glaube es zulässt. Ob Sie nun glauben, etwas zu erreichen, oder auch nicht, Sie werden in beiden Fällen recht behalten. Die Macht des Glaubens ist jederzeit bereit dazu, für Sie tätig zu werden. Jede Realität ist jederzeit dazu bereit, sich zu wandeln – und das heißt: sich Ihrer Frequenz entsprechend anzupassen.

Alle Gegebenheiten sind die Folge vorheriger Überzeugungen. Eine Wirkung kann immer erst dann erfolgen, wenn sie verursacht worden ist. Die Ursachen leben wir meist unbewusst und erschaffen sie ganz nebenbei, ohne es wirklich zu wollen.

Wenn dem so ist, warum dann nicht einfach bewusst Ursachen setzen, Zukunft gestalten und Harmonie ins Leben rufen?

Die Realität, die in Wahrheit ja nur eine Projektion unseres Bewusstseins, eine Widerspiegelung unseres So-Seins ist, ist weder gut noch schlecht. Sie ist, wie sie ist. Sie ergibt sich aufgrund der vorhergegangenen Samen, die gesät worden sind. Das Ergebnis mag »faul« erscheinen, doch es sind eher die Samen, die faul sind. Das Ergebnis kann ja nicht anders sein als das, was ihm vorausgegangen ist. Sie können von einem Apfelbaum auch keine Birnen ernten, also müssen Sie die richtigen Samen säen, um auch das zu ernten, was Sie gern ernten möchten.

Vier Fragen zum »Umerleben« der Realität

Alles, wirklich alles kann jederzeit verändert werden. Sie erreichen Ihr Ziel mit den folgenden vier Fragen, die Sie für sich klar beantworten sollten:

1. Was erlebe ich derzeit?
2. Welche Überzeugung muss vorhanden gewesen sein, um das hervorzubringen, was ich gerade erlebe?
3. Was will ich erleben?

4. Welche Überzeugung muss vorhanden sein, damit ich das Erwünschte erreiche?

Wahrer Glaube ist die innere Gewissheit, wie die Dinge in Wirklichkeit sind. Ein inneres Bild des Erwünschten, verknüpft mit einem echten Gefühl und tiefer Dankbarkeit, wird so lange erfahren und gehalten, bis diese von Ihnen bewusst erschaffende Wahrheit in Erscheinung tritt.

Sympathisch sein

Neben der Entwicklung Ihres Glaubens ist es sehr wichtig, dass Sie Ihr Herz über den Verstand stellen und das Emotionale nach außen tragen. Ihre Sympathie entscheidet über wesentlich mehr, als Sie sich es vorstellen können. Jeder Mensch ist ein Energiefeld mit einer ganz bestimmten Schwingung. Jeder reagiert auf die spezifische energetische Signatur der anderen, ob er das nun will oder nicht. Die erste Erfahrung, die wir machen, wenn wir bewusst sympathisch sind, ist die, dass wir nur noch sympathischen Menschen begegnen. Da wir nun etwas ganz anderes ausstrahlen als zuvor, ziehen wir auch genau so etwas anderes an, nämlich harmonischere Energiefelder.

Das Interessante daran ist, dass sich sogar Menschen verändern, die wir schon jahrelang kennen und ganz anders in Erinnerung haben. Nun stellt sich die Frage, ob sich der andere wirklich verändert hat, oder ob wir ihn durch unsere erweiterte Sichtweise nur anders wahrnehmen. Vergleichen wir es mit einer Pflanze. Es ist wissenschaftlich erwiesen, dass Pflanzen sofort ihr Energiefeld verändern, wenn Sie ihnen klassische oder andere harmonische Musik vorspielen. Auch wenn Sie einer Pflanze einfach nur gut zureden, wird sie darauf umgehend reagieren. Ein liebes Wort reicht aus, um in der Pflanze eine Art Wohlgefühl zu entfachen. Eigentlich wäre es unsere Aufgabe, den Menschen, ja unserem gesamten Umfeld, ein Lichtbringer zu sein. Wir gehen allerdings sogar sehr lieblos mit uns selbst um, wie sollten wir dann auf andere harmonisch einwirken können?

Ein nettes Wort, eine freundliche Geste oder ein liebevoller Blick können ganz von allein geschehen. Jede noch so kleine nette Geste wird eine enorme Wirkung haben. Wir nehmen uns leider selbst oft zu wichtig und vergessen darüber unser Umfeld. Daher ist es sinnvoll, alles, was wir selbst gern haben wollen, einfach anderen zu geben. Das fängt schon mit Kleinigkeiten an, wie beispielsweise einem Stück Kuchen. Das größte Stück oder das Stück, das Sie am liebsten haben wollen, sollte nicht auf Ihrem Teller landen, sondern auf dem eines anderen. Wenn man sich ab und zu etwas zurücknimmt, beginnt man damit, sich selbst nicht mehr so sehr in den Vordergrund zu drängen und seinen Mitmenschen den Vortritt zu geben. Es ist ein gutes Gefühl, etwas reduzierter zu sein und sich mit etwas weniger zu begnügen. Im Wenigen liegt die höchste Erfüllung, das kommt dann zum Tragen, wenn Sie im Bewusstsein des höchsten Selbst leben.

Eine weitere verblüffende Erfahrung ist es, dass sich unsere energetische Signatur umgehend verändert, wenn wir bewusst sympathisch sind. Unsere Frequenz wird automatisch erhöht und diese Ursache zieht natürlich dementsprechende Wirkungen nach sich. Da wir dann lichtere Signale aussenden, werden sich nach dem Gesetz der Resonanz unsere Umstände lichtvoller gestalten. So kann mehr Harmonie in unser Leben einkehren. Wir wirken nicht nur auf die anderen, sondern auch auf unser Leben wohlwollend ein. Eine sehr gesunde Wechselwirkung.

Mit dieser Veränderung unserer energetischen Signatur zum Positiven hin schaffen wir uns ein ständig wachsendes »energetisches Guthaben«, und da Energie nicht verloren gehen kann, sondern nur ihre Form wechselt, tritt dieses Guthaben irgendwann beispielsweise als »Zufall«, als besondere Chance, als interessante Begegnung oder als harmonische Fügung in Erscheinung. Alles geht uns plötzlich leichter von der Hand, weil latente Hindernisse sich auflösen, bevor sie wirksam werden können. Wir schaffen in immer kürzerer Zeit mehr als zuvor, weil wir uns nicht mehr in Schwierigkeiten aufhalten müssen.

Sympathisch zu sein ist ein Grundbaustein des Erfolgs. Sie können die größte Kapazität auf Ihrem Gebiet sein oder der beste Experte in Ihrem Fach, wenn Sie bei anderen nicht gut ankommen und unsympathisch auf sie wirken, dann wird sich Ihr Erfolg in Grenzen halten. Ihr ganzes Leben beginnt sich mit Sympathie segensreich zu ändern, und zwar in dem Augenblick, in dem

Sie bewusst in die Erfahrung eintreten, sympathisch zu sein. Wenn Sie einen Beweis dafür brauchen, dann testen Sie es einfach aus: Werden Sie selbst der lebende Beweis dafür, gehen Sie einfach mal einen Tag lang mit größter Freundlichkeit, zuvorkommend und liebevoll durch Ihren Alltag. Sympathisch zu sein wirkt bei jedem immer sofort.

Noch wirkungsvoller wird es, wenn sich Ihre sympathische Art mit Humor und Optimismus verbindet. Dadurch entstehen eine Faszination und eine Ausstrahlung, der sich keiner mehr entziehen kann. Ganz unmerklich werden Sie so zu einer Persönlichkeit, der der Erfolg scheinbar mühelos in den Schoß fällt. Es öffnen sich Türen, die für andere gar nicht vorhanden sind. Die Türen waren immer schon da, nur Sie konnten sie mit ihrer zuvor niedrigeren energetischen Signatur nicht orten. Je näher Sie sich selbst sind, umso mehr Leichtigkeit wird in Ihr Leben einziehen. Diese segensreiche Erfahrung kann in *diesem* Augenblick Welten bewegen. Worauf warten Sie noch?

Nie mehr arbeiten – bezahlter Urlaub für immer

Wenn Sie alle vorhergehenden Punkte in Ihr Leben einfließen lassen, werden Sie merken, dass Sie ein Leben nach Ihrer Vorstellung führen. Dann wird sich natürlich auch Ihre Arbeit ändern. Denn wenn sich

Ihre Ausstrahlung wandelt, wird sich das auf alle Lebensbereiche auswirken. Je mehr Sie Ihre Bedürfnisse leben und je mehr Sie zum höheren Bewusstsein kommen, umso mehr werden Sie merken, dass Sie Dinge anziehen, die Ihnen auch wirklich entsprechen. Dann werden Sie keiner Tätigkeit mehr nachgehen, die Sie als »Arbeit« bezeichnen, sondern Ihr Tun wird in ständiger Freude geschehen. Sie gestatten dem Leben, Sie fürstlich dafür zu entlohnen, dass Sie das tun, was Ihnen ohnehin am meisten Freude macht – und damit haben Sie bezahlten Urlaub für immer!

Alles geschieht völlig mühelos, und wenn es nicht völlig mühelos geschieht, dann zeigt Ihnen das, dass dieser Weg noch nicht der endgültige ist. Es zeigt Ihnen, dass es eine weitere Möglichkeit gibt und Sie nicht verkrampft versuchen müssen, etwas aufrechtzuerhalten, was gar nicht mehr zu Ihnen passt.

Bevor Sie sich ein neues, schöneres Leben erschaffen können, müssen Sie dafür Platz machen. Das bedeutet in erster Linie, die Aufgabe, die Ihnen nicht mehr entspricht, für eine passendere loszulassen. Viele Menschen sind sehr stark in ihren Tätigkeiten und Mustern verhaftet, die längst zur Gewohnheit geworden sind. Man geht einer Arbeit nach, weil man Geld verdienen muss …, weil es sich so gehört …, weil man nichts anderes gelernt hat …, weil es die Eltern so wünschen …, weil man es immer schon so gemacht hat …, weil man keine andere Perspektive hat … Die vermeintlichen Sicherheiten sind aber in Wirklichkeit gar keine und können, wie alles andere auch, eines Tages einfach in sich zusammenbrechen. Da alles einem ständigen Wandel unterliegt, sollten Sie auch in beruflicher Hinsicht immer wieder überprüfen, ob die momentane Tätigkeit noch zu Ihnen gehört, zu Ihnen passt, für Sie stimmt.

Warten Sie nicht darauf, dass alles zusammenbricht und Ihnen Ihre Aufgabe mit Gewalt und in schmerzhafter Erfahrung genommen wird. Entwickeln Sie jetzt Perspektiven, um sofort handeln zu können. Kreieren Sie Ihre Wohlfühl-Tätigkeit, die Ihnen zu hundert Prozent entspricht. Jeder Mensch hat mindestens eine besondere Fähigkeit, mit der er auch seinen Lebensunterhalt bestreiten kann. Um sie zu finden, müssen Sie innehalten und in sich nachspüren.

Beginnen Sie einfach damit, Ihr Leben zu zelebrieren, und achten Sie darauf, was sich wie nebenbei daraus ergibt. Vielleicht stellt sich genau in der Leichtigkeit etwas ein, das Sie mit Ihrem Verstand nie hätten erkennen können. Vertrauen ist natürlich notwendig, um sich dem Wandel zu öffnen. Das Vertrauen finden Sie aber nicht in Ihrem Lebensumfeld und auch nicht in Ihrem Denken. Gehen Sie mindestens einmal am Tag in die Stille und begegnen Sie sich dort mit Neugier und Mut. Horchen Sie auf das, was Ihr Herz Ihnen sagt und Ihre Seele Ihnen flüstert.

Obwohl viele Menschen wissen, dass der Verstand nicht dazu geeignet ist, stimmige Entscheidungen zu treffen, verlassen sich die meisten immer wieder auf diesen etwas altmodischen Apparat. Er mag nachdenken können, doch wissen kann er nichts. Sie tragen das ganze kosmische Urwissen in sich, und dem zu lauschen, das ist wirklich ein Abenteuer. Und es lässt Wunder wahr werden.

Erst gewinnen, dann beginnen!

Als bewusster Lebensmanager benutzen Sie – wie bereits im zweiten Teil des Buches gelernt – auch das geistige Werkzeug der schöpferischen Imagination. In der Bibel heißt es: »Bittet um das, was ihr wollt, und glaubt, dass ihr erhalten habt, dann wird euch gegeben.« Durch die schöpferische Imagination bekommt eine Idee eine erste klare Form, die sich in der Realität manifestieren kann. Es ist das geistige In-Besitz-Nehmen einer erwünschten Zukunft. Und was immer Sie geistig in Besitz genommen und sich damit zu eigen gemacht haben, kann Ihnen das Leben nicht mehr verwehren.

Das Imaginieren vom Ziel, vom erwünschten Endzustand aus, das ist der Anfang aller Wunder.

Dabei können zunächst auch alternative Entwürfe der Zukunft geschaffen werden, ohne dass man sie verursacht, sondern um sie ganz einfach nur einmal »anzuprobieren« und zu spüren, inwieweit sie stimmig sind. Danach können Sie sicher auswählen und die »richtige« Zukunft verursachen. Das geschieht, indem Sie sich die erwünschte Zukunft zunächst klar und präzise vorstellen, dann in diese Vorstellung hineingehen und sich in der Erfüllung erleben. Dabei wird die Erfüllung so lange in immer neuen Aspekten erlebt, bis Sie von einem Gefühl der Freude und Dankbarkeit erfüllt sind.

Der erste Schritt, um etwas zu erreichen, ist, es geistig in Besitz zu nehmen und sich am Ziel, in der Erfüllung zu erleben, in der Gewissheit, dass es so in Erscheinung treten muss und sich als erlebte Realität manifestiert. Deshalb der zunächst etwas provokante, aber umso wirkungsvollere Satz: Zuerst gewinnen, dann beginnen!

Die Realität entsteht in uns und tritt außen in Erscheinung.

Das bewusste Lenken der Aufmerksamkeit ist eine großartige Fähigkeit des menschlichen Geistes. Sie richten Ihre Aufmerksamkeit nur auf Ihre innerlich bereits verwirklichte Absicht, halten sie dort gerichtet und erleben, wie es zu geschehen beginnt. Worauf Sie Ihre Aufmerksamkeit gerichtet halten, das wird sich verwirklichen. Vor allem aber werden Sie auf diesem Weg zum Erfolg Ihr Unterbewusstsein als Freund und Helfer gewinnen. Kämpfen Sie nicht gegen seine Beharrlichkeit an, denn da können Sie nur Zweiter werden. Nutzen Sie sein Beharrungsvermögen für die Durchführung Ihres Vorhabens. Nutzen Sie Ihr Unterbewusstsein als Diener für diese wunderbare Möglichkeit, die Sie das Leben völlig neu erleben lässt.

Bevor Sie in dieses Leben eingetreten sind, haben Sie dafür gesorgt, dass Sie das alles erleben dürfen. In der Illusion der irdischen Realität manifestiert sich immer nur das, worauf Sie Ihre Aufmerksamkeit richten. Richten Sie Ihre Aufmerksamkeit deshalb nicht auf die Schwierigkeiten und Probleme des Lebens, denn so ziehen Sie immer neue Probleme und Schwierigkeiten an. Auch wenn dies unbewusst geschieht, wird es eintreten – ob Sie das nun wollen oder nicht. Die Unbewusstheit kann durch Bewusstheit ersetzt werden und damit das ganze Leben neu gestalten. Der Schlüssel, um vom Leben genau das zu bekommen, was auch immer Sie wollen, ist:

1. das Abziehen der Aufmerksamkeit von dem, was Sie nicht wollen, und
2. das Richten der Aufmerksamkeit auf das, was sein soll.

Worauf Sie Ihre Aufmerksamkeit richten, dorthin fließt Ihre Schöpferkraft und verwirklicht das, worauf sie gerichtet ist. Zunächst sollten Sie daher lernen, unerwünschte Ereignisse nicht mehr hervorzurufen oder anzuziehen. Danach sollten Sie die erwünschten Ereignisse energetisch verursachen, indem Sie Ihre Aufmerksamkeit darauf richten und gerichtet halten, bis sie sich als Ihre Realität manifestiert haben. Indem Sie die Richtung Ihrer Aufmerksamkeit ändern, ändert sich Ihr ganzes Leben.

*Das bewusste Abziehen Ihrer Aufmerksamkeit von Pro-
blemen und Schwierigkeiten und das bewusste Richten
auf Möglichkeiten und Lösungen, also auf das, was sein
soll, ist wohl das wichtigste Werkzeug zur bewussten Gestaltung der Zukunft.*

Es geschieht völlig mühelos. Wenn es das nicht tut,
zeigt das nur, dass es anders leichter ginge! Ganz gleich,
was Sie im Leben erreichen wollen, Sie werden es
schneller, leichter und zuverlässiger erreichen, wenn
Sie sich vorstellen, am Ziel zu sein, bevor Sie sich auf
den Weg machen.

*Schaffen Sie Zielklarheit und bestimmen Sie die Art Ihres
Erfolges. Was bedeutet Erfolg für Sie?*

Diese Zielklarheit bestimmt den Weg und die Schritte,
denn aus dem Ziel ergibt sich, was zu tun ist, damit es
auch erreicht wird. Sie nehmen den erwünschten Erfolg geistig in Besitz, indem Sie sich in der erwünschten Situation erleben. Erleben Sie immer neue Aspekte
Ihres Erfolgs, bis es Ihnen ganz natürlich erscheint, Erfolg zu haben. Machen Sie so aus einer Möglichkeit der
Zukunft erlebte Realität der Gegenwart. Spüren Sie
dabei ganz deutlich das starke Gefühl der Freude und
Dankbarkeit und erfüllen Sie sich so mit der Gewissheit,
dass der erwünschte Erfolg geistig bereits verwirklicht
ist und in der Realität bald in Erscheinung treten muss.
  Erkennen Sie, dass Sie auf diese Weise alles vom
Leben haben können und dass das Leben nur auf Ihre

klaren Anweisungen wartet. Sobald Absicht und gesetzte Ursache übereinstimmen, hat das Leben keine Wahl: Etwas anderes als den von Ihnen erwünschten Erfolg kann es jetzt nicht mehr in Erscheinung treten lassen. Machen Sie sich bewusst, dass Sie ab jetzt genau so in jedem einzelnen Fall erfolgreich sein werden.

Zelebrieren Sie Ihr Leben und praktizieren Sie die Kunst des Genießens. Vor allem: Fangen Sie sofort damit an. Fangen Sie noch heute an, wirklich märchenhaft zu leben!

Apropos. Dazu fällt mir eine kleine Geschichte ein: Es war einmal ein mächtiger König, der beherrschte die ganze Welt. Eines Tages ließ er alle Weisen zusammenkommen und gab ihnen den Auftrag, das gesamte Wissen des Universums niederzuschreiben, so knapp und präzise wie möglich. Die Weisen machten sich an die Arbeit und nach vielen Jahren hatten sie es geschafft. Sie hatten alles Wissen des gesamten Universums in einhundert Büchern niedergeschrieben. Doch der König war damit überhaupt nicht zufrieden und beauftragte sie, nun alles Unwesentliche wegzulassen und das gesamte Wissen in einem einzigen Buch aufzuschreiben. Die Weisen hielten dies zwar für unmöglich, da sie aber wussten, dass der König sie vor der Erfüllung des Auftrags nicht in ihre Heimat zurücklassen würde, machten sie sich wieder an die Arbeit. Nach vielen, vielen Jahren großer Mühen hatten sie es geschafft, und stolz übergaben sie dem König das eine Buch, in dem nun das gesamte Wissen des Universums niedergeschrieben war. Der König dankte ihnen und sagte, dass er nun noch eine letzte Aufgabe für sie habe. Sie sollten alles Wissen in einem einzigen Satz zusammenfassen. Sie berieten viele Jahre und dann hatten sie es endlich geschafft. Der Satz lautete:

Du bist ein Schöpfer und alles ist möglich!

Seien Sie ein Gewinner!

Ein Gewinner erkennt, dass Krankheit, Leid, Mangel, Schmerzen und Probleme nur liebevolle Hinweise des Lebens sind. Sie sind sozusagen eine Chance zum Besseren und eine Aufforderung, andere Ursachen zu setzen, damit Zufriedenheit, Glück, Freude, Gesundheit und Fülle ins Leben treten können.

- *Ein Gewinner erkennt,* dass Veränderungen mit dem Loslassen beginnen, indem er unnötigen Ballast abwirft und sich von überholten Programmen, Situationen und Beziehungen befreit. Das Erste, was man loslassen sollte, ist die Vergangenheit. Warum sollte man sie weiterhin mit sich herumtragen, wenn sie bereits vergangen ist? Warum sich mit etwas belasten, was gar nicht mehr aktuell ist? Bevor man das Richtige tun kann, muss man sich vom Falschen lösen. Es ist eine Befreiung, die nicht bedeutet, dass man alle bisherigen Dinge ablehnen muss, sondern es heißt, sich einfach nur anderen und aktuell stimmigeren Dingen zuzuwenden. Da alles einem ständigen Wandel unterliegt, müssen auch die Dinge, die uns umgeben, regelmäßig erneuert werden. Loslassen bedeutet, zur eigenen Freiheit Ja zu sagen.

- *Ein Gewinner erkennt,* dass das Leben wie ein Spiel ist und dass es immer nur Ja zu ihm sagt, ganz gleich, was er tut. Er weiß, dass das Spiel des Lebens einzig und allein ihm zur Freude gespielt wird und dass jeder Augenblick mit Bewusstsein zu erfüllen ist. Es geht nicht um das Spiel oder um die Spielfiguren, es geht um bewusste Anwesenheit.

- *Ein Gewinner erkennt,* dass das Selbstbild und die Sichtweise wichtige Faktoren sind, denn was er als sein Leben erlebt, ist nur ein »Abdruck« seiner Überzeugungen. Einem jeden geschieht nach seinem Glauben und wenn er an sich selbst glaubt, dann hat er bereits gewonnen. Das Selbstbild zieht die entsprechenden Ereignisse in sein Leben und hält alles zuverlässig von ihm fern, was ihm nicht entspricht. Ein Gewinner weiß, warum sich das Leben nur so gestalten kann, wie es sich ihm zeigt.

- *Ein Gewinner erkennt,* dass das Gesetz des Lebens nach folgendem Prinzip funktioniert: Wenn er die richtige Saat ausgebracht hat, dann wird auch die Ernte stimmen. Das Leben macht keine Fehler, und er bekommt immer nur das, was er verursacht hat –

nicht weniger und nicht mehr. So wie er in den Wald hineinruft, so ruft es zurück. Jeder Mensch hat in jedem Moment die Möglichkeit, eine beliebige Ursache zu setzen. Mit absoluter Sicherheit wird die entsprechende Wirkung erfolgen – nur so kann es sein.

■ *Ein Gewinner erkennt,* dass er vom Leben alles bekommen kann, wenn er bereit ist, die richtigen Ursachen zu setzen. Vor allem richtet er auch die bislang unbewussten Ursachen auf sein Ziel aus. Das betrifft nicht nur seine Überzeugungen oder Sichtweisen, auch sein Verhalten, sein Denken, sein Sprechen, sein Tun und seine Haltung sind auf die Vollkommenheit ausgerichtet.

■ *Ein Gewinner erkennt,* dass er immer die Chance hat, sein Leben von Grund auf zu ändern. Er lebt im Chancenbewusstsein und weiß, dass nichts unmöglich ist. Wenn er die passenden Ursachen setzt, kann er alles erreichen. Er weiß, dass es keine schwierigen oder aussichtslosen Situationen gibt, denn er sieht alle Ereignisse als Chance, es noch besser oder im stimmigen Sinne anders zu machen. Er misst den Umständen keinerlei Bedeutung zu, denn welche Form sein Leben auch annehmen mag, er heißt es willkommen.

■ *Ein Gewinner erkennt,* dass er den Erfolg gar nicht aufhalten kann, wenn Absicht und Ursache übereinstimmen. Er weiß, dass Misserfolge immer nur Botschaften des Lebens sind und Erfolg durch eine andere Ursachensetzung in Übereinstimmung mit der Absicht immer zielsicher zu erreichen ist.

■ *Ein Gewinner erkennt,* dass jeder irgendwann zu Bewusstsein kommen wird und dass er jederzeit das Höchste *ist.* Er weiß, dass alle Probleme aus dem persönlichen Ich heraus entstehen und dass seinem wahren Ich Probleme fremd sind. Genauso ist es mit dem Leid. Bewusstsein ist jenseits von Mangel und Leid. »Leid« hat ihn nie wirklich berührt.

■ *Ein Gewinner erkennt,* dass er sein Denken durch Wahrnehmen ersetzen kann. Er weiß auch, dass ihn jeder Gedanke nur von seiner wahren Identität wegführt und dass er über das Fühlen und Innehalten mehr erreichen kann als über das angestrengte Nachdenken. Er weiß, dass alles vorübergeht und auch Gedanken genau so wieder gehen, wie sie gekommen sind. Er versucht daher nicht, gegen sie anzukämpfen. Er lebt in der Gedankenstille und beobachtet, was geschieht. Er ist frei von allem.

■ *Ein Gewinner erkennt,* dass sein bewusstes Sein das Ende jeder Krankheit bedeutet, denn Bewusstsein kann nicht krank werden. Bewusstsein hat auch kein Alter, deshalb lebt er als Gewinner frei von Alter und Karma. Er weiß, dass Bewusstsein nicht von ihm erreicht werden kann, denn Bewusstsein ist das, was er ist. Es ist ein lebenslanger Prozess, dies zu erkennen, aber ein Gewinner weiß, dass er täglich die Chance bekommt, sich nach seinem Selbst neu auszurichten. Ist er erst angekommen, wird er voll und ganz erfahren, dass er nie weg gewesen ist – und diese Einsicht ist purer Gewinn.

- *Ein Gewinner erkennt,* dass er in diesem Leben nur gewinnen kann. Ob er ein gewünschtes Ziel nun erreicht oder nicht, ist nicht vordergründig. Vielmehr geht es darum, dass er eine Erkenntnis gewinnt. Die Erkenntnis kann erfreulich oder schmerzhaft sein, sie ist und bleibt wertvoll. Er gewinnt also in jedem Fall.

- *Ein Gewinner erkennt,* dass er deshalb gewinnt, weil er davon überzeugt ist, Gewinner zu sein. Diese Überzeugung ist eine zuverlässige Ursache für seinen Erfolg. Es ist ein Wissen, ein Glaube und ein Vertrauen, die die Selbstsicherheit stärken und ihm Kraft, Ausdauer und Mut schenken. Er ist nicht von seinem Ego überzeugt, sondern von seinem Selbst.

- *Ein Gewinner erkennt,* dass er sein geistiges Kapital bewusst und sinnvoll nutzen kann. Sein Schöpfertum ist unbegrenzt und öffnet ihm alle Türen der Welt. Auch die Macht der Gedanken weiß er zu nutzen. Er setzt das eigene schöpferische Potenzial umfänglich ein, wobei intuitives und kreatives Handeln mit einfließen.

- *Ein Gewinner erkennt,* dass seine Stimme eine große Rolle spielt und ein wichtiges Erfolgsinstrument darstellt. Vor allem aber ist ihm klar, dass das bewusste Sympathisch-Sein die »Brücke der Sympathie« aufspannt. Der Grundbaustein des Erfolgs ist es, sympathisch zu sein. Dem Leben als Gewinner steht damit nichts mehr im Wege.

- *Ein Gewinner erkennt,* dass es keine Konkurrenten oder Gegner gibt, sondern nur Lehrer. Er weiß, dass jede Begegnung fruchtbar ist und ihm zeigen will, wo er steht und was er beim nächsten Mal besser machen kann. Der Gewinner lebt bewusst mit anderen und nicht gegen sie. Er fühlt, dass alles eins ist und der Eindruck der Trennung nur auf einer fehlerhaften Sicht beruht.

- *Ein Gewinner erkennt,* dass der entscheidende erste Schritt sofort getan werden muss. Ein japanisches Sprichwort lautet nicht umsonst: Mit dem ersten Schritt hast du die Hälfte des Weges geschafft. Er verschiebt nichts auf morgen und wartet nicht, sondern nimmt sein Leben *jetzt* selbst in die Hand. Er weiß, dass jeder Moment wertvoll ist, und nutzt ihn dementsprechend.

- *Ein Gewinner erkennt,* dass das Segnen ein wichtiger Schlüssel zum Tor zur erfüllten Zukunft ist und eine wirkungsvolle Anweisung an das Leben. Indem er das Leben segnet, beginnt es sich im gleichen Augenblick segensreich zu wandeln und von einem Moment zum anderen gestaltet es sich komplett neu.

- *Ein Gewinner erkennt,* dass das Richten der Aufmerksamkeit eines der wichtigsten Instrumente zur bewussten Zukunftsgestaltung ist, auf das er nicht mehr verzichten will. Er gestattet daher seiner Aufmerksamkeit niemals, sich mehr als ein paar Sekunden mit etwas aufzuhalten, was nicht gewünscht ist. Er irrt gedanklich weder in der Vergangenheit noch in der Zukunft umher, sondern verweilt im Hier und Jetzt. Ein Gewinner richtet sich immer nur auf Lösungsmöglichkeiten aus oder richtet seine Aufmerksamkeit nach innen. Ändert er die Richtung seiner Aufmerksamkeit, dann ändert sich sein Leben.

- *Ein Gewinner erkennt,* dass er sich keine Sorgen zu machen braucht, denn wenn er stimmige Ursachen gesetzt hat, muss der so verursachte Erfolg er-folgen. Am Start steht bereits fest, wer ein Gewinner und wer ein Verlierer ist, da alles vom Bewusstsein gesteuert wird.

- *Ein Gewinner erkennt,* dass er alles Vermögen in sich trägt und das Wertvollste bereits in ihm vorhanden ist. Er weiß, dass es unverzichtbar ist, vermögend zu werden, denn vermögend ist nicht der, der viel hat, sondern der, der viel vermag.

- *Ein Gewinner erkennt,* dass er das Leben spielerisch meistert oder überhaupt nicht. Deshalb genießt er das Leben als wahrer Lebenskünstler und lebt wirklich märchenhaft. In der natürliche Fülle zu leben, sie in Erscheinung zu rufen, aus ihr zu schöpfen und sie zu erschaffen, das sind die Aufgaben des Gewinners, denen er sich uneingeschränkt hingibt.

Eine Gewinn versprechende Zusammenfassung

Ein Gewinner lebt zielorientiert, weiß um die Erfüllung vom Ziel aus, macht sich magnetisch, optimiert ständig seine energetische Signatur und richtet seine ganze Aufmerksamkeit auf den Moment. Er richtet sich immer wieder bewusst aus und spürt das, was er ist, ständig in großer Klarheit. Ein Gewinner ist stets sympathisch und segnet alles, was ihm begegnet. Er ist ein Gewinner, bevor er gewinnt, weil er alle Voraussetzungen für ein bewusstes Leben erfüllt. Er versteht es nur allzu gut, das Leben zu genießen. Ein Gewinner erkennt sich als Schöpfer all seiner Lebensumstände und gestaltet sie bewusst nach der ihnen innewohnenden Ordnung. Ein Gewinner kennt die geistigen Gesetze, vor allem das Gesetz von Ursache und Wirkung und das Gesetz der Resonanz. Er nutzt sie sinnvoll, um seine Lebensabsicht zu erfüllen. Sein wichtigstes Prinzip heißt: Miteinander gewinnen. Er hilft so allen anderen dabei, als Gewinner leben zu können. Ein Gewinner ist ein Mensch, der »zu Bewusstsein« gekommen ist, sein wahres Wesen erkannt, seine Lebensabsicht verwirklicht und dadurch seinen Schöpfungsauftrag erfüllt hat. Das Grundprinzip des Schöpfers ist Fülle, und ein Gewinner ruft die natürliche Fülle in Erscheinung, indem er sie *ist* und lebt.

Also: Seien Sie ein Gewinner! Machen Sie es sich zur Gewohnheit, jeden Tag zu etwas Besonderem zu machen. Und wenn ich jeden Tag sage, dann meine ich auch wirklich jeden! Zeit ist zu kostbar, um vergeudet zu werden. Wenn sie wirklich genutzt wird, kann kein Tag vergehen, an dem Sie nicht bewusst nach Ihrem Selbst Ausschau gehalten haben. Machen Sie Ihr Leben zu einem Experiment, entdecken Sie es jeden Tag neu und halten Sie mehrmals am Tag inne. Man verliert sich allzu gern im Alltagstrott, und deshalb ist es wichtig, immer wieder gezielt in sich hineinzuschauen und zu sich selbst zurückzukehren, bis man eines Tages auch im »Trott«, in der einfachsten Situation oder im unmöglichsten Moment das liebesvolle Eine erkennen und für sich entdecken wird.

Wir begegnen immer nur uns selbst

Alles, was Sie im Leben tun, alle Anweisungen dieses Buches, ja alles, was ist, es sind immer nur Hinweise, die uns schlussendlich auf uns selbst zurückwerfen wollen. Was auch immer Sie tun, es ist Mittel zum

Zweck, damit Sie in sich ankommen und sich als das entdecken, was Sie wahrhaftig sind. Dann erkennen Sie in Ihrem Gegenüber nicht nur einen Menschen, sondern seinen Kern. Wenn die Persönlichkeit weicht und Bewusstsein Bewusstsein erschaut, dann leben wir im Gewahrsam dessen, was wir sind. Erheben wir uns und treten wir ein in das Bewusstsein, aus dem heraus alles gleiche Gültigkeit besitzt, dann verschwindet jegliche Einbildung von Trennung. Alles ist ein individualisierter Ausdruck des Einen Seins. Wir ziehen immer nur den uns entsprechenden, individualisierten Ausdruck an, mit dem wir in Resonanz gehen und der unsere nächste Aufgabe repräsentiert und enthält. Das gilt für jede Begegnung, für den Lebenspartner ebenso wie für Freunde und Bekannte. Wir selbst sind wohl unser einziger Gegner und ebenso unser einziger wirklicher Freund.

Man sieht den sogenannten anderen als getrennt von sich selbst, obwohl es so etwas wie Trennung nicht gibt. Wenn wir dem Mitmenschen als Bewusstsein begegnen, dann werden wir auch nur Bewusstsein entdecken können. Da es nichts außer Bewusstsein gibt, sind wir alle ein und dasselbe Bewusstsein. Es mag sein, dass der andere sich mit einer anderen Hülle vorübergehend im gleichen Lebensspiel aufhält, doch er ist immer nur eine Spiegelung unserer selbst. Was wir sind, wird uns widerfahren.

Also sollte gelten: Begrüßen wir jeden, der uns begegnet, als uns selbst. Erkennen wir in ihm den Aspekt, den er uns bewusst machen will. Wenn wir dies nicht tun, dann wird uns das Verhalten dieses Menschen oder eine ähnliche Situation so lange begegnen, bis wir es erkannt haben und umsetzen. Oft geraten wir wieder und wieder in die gleichen Konflikte mit anderen. Doch wenn wir immer wieder das Gleiche erleben, heißt das nur, dass wir uns der darin verborgenen Aufgabe nicht gestellt und sie bisher nicht gelöst haben. Deshalb bietet uns das Leben eine weitere Chance zur Erkenntnis, damit wir frei sind für den nächsten Schritt. Solange eine Aufgabe nicht gelöst ist, können wir nicht weitergehen und behindern unsere eigene Entwicklung. Das Wichtigste ist daher, die verborgene Aufgabe zu erkennen, denn erst dann werden wir sie lösen können. Erkennen – annehmen – lösen, so lautet die Devise.

Es geht aber nicht darum, die Aufgabe so schnell wie möglich zu lösen, sondern den Lösungsweg intensiv zu erfahren und sogar zu genießen. Das Leben kann nicht im Vorbeigehen oder auf die Schnelle erledigt werden, sondern es will in aller Ruhe zelebriert werden. Jeden Augenblick dieses wunderbaren Geschenkes erleben zu dürfen, das löst ein Empfinden von Dankbarkeit und Freude aus. Es also bewusst und dankbar zu erleben, ist eine besondere Gabe. Schauen Sie sich also ganz bewusst bei Ihrer eigenen Entwicklung zu und erkennen Sie dankbar, welche Schritte Sie bereits getan haben. Erleben Sie das Geschenk des Augenblicks bewusst. Dabei müssen Sie nicht auf das Urteil des persönlichen Ich achten. Ob Sie es als Mensch angenehm oder unangenehm finden, sollte zweitrangig sein. An erster Stelle liegt immer der Wert der Erfahrung, die Sie Ihrem

Selbst näher bringt. So werden Sie wie nebenbei erkennen, dass alles, was Sie als besonders unangenehm empfinden, besonders hilfreich ist. Sie erleben immer ganz bewusst, dass das alles immer nur Sie selbst sind und dass außerhalb von Ihnen *nichts* existiert.

Es gibt nichts, was ich nicht bin.

Das hat mit Ihrer irdischen Anwesenheit nichts zu tun. Ich spreche hier vom unvergänglichen Einen, das wir sind, vom göttlichen Selbst. Sich sich selbst anzunähern, um sich eines Tages auch wirklich als das Eine zu begegnen, das ist ein wunderbares Experiment. Je bewusster Sie sind, umso selbstverständlicher ist es für Sie, dass Sie jedem Aspekt des Lebens liebevoll und achtsam begegnen. Jeder Pflanze, jedem Tier und jedem Menschen mit Respekt, Achtung und Liebe gegenüberzutreten, ist ein ganz natürlicher Vorgang. Nur haben wir es verlernt, natürlich zu sein und unsere Ursprünglichkeit zu leben.

Wenn ich mich in allem erkenne und wiederfinde, dann begegnet sich jedes Mal Bewusstsein im Bewusstsein als Bewusstsein selbst.

Wo sollte hier noch Platz für Neid, Missgunst, Hass oder Ablehnung sein, wenn es gar nicht mehr um die als getrennt erscheinenden Körperlichkeiten geht? Die Wahrnehmung erfolgt nicht mehr über die Sinne, sondern nimmt sich selbst wahr. Wie Jesus einst sagte:

»Was ihr dem Geringsten meiner Brüder tut, habt ihr mir getan.« Irgendwann erkennen wir uns alle als das Eine Sein, das wir sind. Es gibt nichts, was nicht vollkommen ist. Auch unsere Kinder haben wir uns nach dem Gesetz der Resonanz angezogen, weil wir eine gemeinsame Aufgabe haben. Es ist nicht unser Job, unsere Kinder zu »erziehen«, sondern liebevoll miteinander herauszufinden, was zu tun ist, und dem scheinbar anderen zu helfen, zu sich selbst zu erwachen. Das wichtigste Geschenk, das wir uns selbst machen können, ist es, einem Kind bewusst gegenüberzutreten und es auch als Bewusstsein wahrzunehmen. Wenn wir unsere Kinder in aller Tiefe erfassen können, dann begleiten wir sie sehr bewusst auf ihrem Weg.

Das Eine Sein, das wir sind, begleitet uns auf unserem Weg durchs Leben und sorgt dafür, dass immer zur rechten Zeit das Richtige geschieht. Es lässt dem Ich dabei die freie Wahl, sich stets aufs Neue zu entscheiden. So kann der Lebensweg immer wieder neu bestimmt werden. Wenn wir »erwacht« sind und uns als Bewusstsein erkannt haben, treffen wir diese Entscheidung ganz bewusst – und plötzlich ist alles ganz einfach. Wenn die Illusion des Ich verschwindet, dann gibt es nur noch unser Selbst. Ohne ein Ich ist alles ganz einfach!

Das Paradies in sich selbst bewusst erleben

Wir alle tragen das Paradies noch immer tief in unseren Herzen. Im Paradies zu leben heißt nichts anderes, als seinem Herzen zu folgen, im Einklang mit sich selbst zu leben. Und der Weg ins Paradies beginnt mit dem Loslassen. Zunächst einmal wird all das losgelassen, was das Leben unnötig erschwert und behindert. Dazu gehört es auch, das Ärgern zu verlernen, denn sich zu ärgern ist eine nur wenig hilfreiche Angewohnheit, die man jederzeit gehen lassen kann. Dazu kommt, seine Ängste aufzulösen und Stress zu vermeiden. Auch wenn Sie jetzt sagen: »Ja das würde ich doch gern …«, glauben Sie mir, es ist einfacher, als Sie denken.

Auf dem Weg zurück ins Paradies sollten Sie nichts mehr tun, was Sie als »Arbeit« bezeichnen, sondern den Weg der Freude und Ihrer Berufung folgen. Das heißt, nur noch das zu tun, was Ihnen auch wirklich Freude bereitet. Gestalten Sie das Leben neu und lassen Sie sich dafür fürstlich bezahlen. So erleben Sie bezahlten Urlaub für immer und können den Alltag mit Leichtigkeit ausfüllen. Es gibt keine Umstände, die Sie glücklich machen, aber es gibt Umstände, die das Glück sehr behindern – und die sollten Sie loslassen. Dabei machen Sie eine ganz besondere Erfahrung: Sobald Sie loslassen, fallen Sie aufwärts! Das muss so sein, weil das Leben immer leichter wird und Sie letztlich in der Leichtigkeit des Seins leben werden. Damit beginnt für Sie ein ganz neuartig erlebter Lebensabschnitt. Im Paradies zu leben heißt, seinem Leben einen erfüllenden

Sinn zu geben und Gewinner zu sein. Das heißt vor allem, sich selbst zu lieben. Sie können auch einen anderen nur in dem Maße lieben, wie Sie sich selbst lieben.

Natürlich sollten Sie offen und bereit sein, wenn das Glück bei Ihnen anklopft. Irgendwann wird das Glück Ihr Dauergast sein. Auf dem Weg dahin sollten Sie das Lächeln nicht vergessen. Ihre Ausstrahlung, Ihre energetische Signatur sollte immer einladend sein und Wohlwollen auslösen. Erkennen Sie auf diesem Weg, dass es so etwas wie Probleme nicht gibt, sondern dass es immer nur interessante Herausforderungen und Aufgaben sind, die da auf Sie warten, um angesehen, gelebt und gelöst zu werden. Sie dienen nur Ihrem Wachstum und Ihrer Reife. Alles, was Ihnen begegnet, ist eine Art Vorbereitung auf dem Weg zu sich selbst.

Ein wichtiger Schritt, um zurück ins Paradies zu kommen, ist die Sympathie. Sympathisch zu sein und wohlwollend zu leben, das sind Schlüssel zum Glück. Sie sollten nicht nur gelegentlich genutzt werden, sondern Sympathie sollte ein ständiger Zustand sein. Erlernen Sie die Kunst, aus einem normalen Alltag etwas ganz Besonderes zu machen und wirklich ganz da, also präsent zu sein. So leben Sie ausschließlich in der Geistesgegenwart des Jetzt. Dann erkennen Sie, dass Sie in jedem Augenblick die Wahl haben, alles, wirklich alles zu verändern. Sie lassen alles Unwesentliche los und können sich auf ganz natürlichem Weg dem wirklich Wesentlichen zuwenden.

Lernen Sie, wieder langsamer zu leben, behutsamer und bedächtiger zu sein, sich neutral zu verhalten und in Ihrer Mitte zu ruhen. Ganz gleich, was gerade geschieht, zelebrieren Sie Ihr Leben und lassen Sie sich von nichts und niemandem aus dem Gleichgewicht bringen. Sich über etwas aufzuregen, wird die Situation nicht verbessern, deshalb: Bleiben Sie gelassen, und Sie werden beobachten, dass diese Ruhe heilend auf Sie, auf Ihr Umfeld und auf die Situation selbst einwirken wird.

Praktizieren Sie die Kunst des Genießens am besten ständig. Erkennen Sie, dass Sie immer nur jetzt glücklich sein können und ihr Glück niemals von äußeren Umständen oder Faktoren abhängig sein kann.

Wahres Glück ruht in sich, heißt es.

Sie müssen nicht vorwärtskommen, denn »vorwärts« führt nirgendwohin. Das Leben findet immer nur im Hier und Jetzt statt! Zu wissen, dass Erfüllung Ihre Wahl ist, die Sie jederzeit in Anspruch nehmen können, gibt Ihnen Stärke und Kraft. Erkennen Sie, dass das Paradies in der Seele, also in Ihnen wartet. Es gibt kein Außen, das Glück in sich birgt. Haben Sie den Mut, den Anschein des Lebens zu durchschauen. Wenn Sie nach außen schauen, dann entfernen Sie sich von sich, wenn Sie das Glück weiterhin im Außen suchen, dann schauen Sie in die falsche Richtung.

Das einfachste Essen wird zu einer wundervollen Erfahrung, wenn Sie es ganz bewusst genießen. Und so ist es auch im Leben. Ein bewusstes Leben ist eine so köstliche Erfahrung, dass es ganz unwichtig ist, was geschieht und was nicht geschieht. Es ist ein Leben in Ruhe und in absoluter innerer Stille, denn die Grundlage des wahren Glücks ist den äußeren Bewegungen und Geräuschen fern.

Erwacht sein heißt, glücklich zu sein. Es ist die Unbewusstheit, die Sie unglücklich macht. Leben heißt leiden. Aufwachen heißt, das Leid zu beenden.

Aufwachen beginnt mit dem Beobachten. Sobald Sie alles nur noch aus einer tiefen Wahrnehmung heraus beobachten, können Sie gar nicht anders, als sich selbst zu begegnen. Das Erwachen ist vollendet, wenn Sie sich Ihres Bewusstseins bewusst sind. Und die Bestätigung für das Erwachen ist die Freude, die tiefe stille Lebensfreude. Bewusst sein heißt, präsent zu sein, ganz da zu sein, voll im Hier und Jetzt zu verweilen. Im gleichen Augenblick beginnt die Transformation Ihres Wesens. Es ist ganz einfach und Sie können jederzeit damit beginnen und werden immer wieder die gleiche Erfahrung machen. Verliebt zu sein, das ist ein schöner Traumzustand. Lieben aber heißt, bewusst zu sein. Erwacht zu sein heißt nichts anderes, als ein Liebender zu sein. Hören Sie ab jetzt nur noch auf die Melodie in Ihrem Herzen. Es ist die Melodie Ihres Seins.

Eintreten in die natürliche Vollkommenheit des Seins

Am Ende dieses Buches möchte ich mit Ihnen noch einmal in die Allmacht des höchsten Seins eintauchen. Alles beginnt in der Vollendung und alles endet dort, auch wenn so etwas wie Beginn und Ende nur in unserer Vorstellung existiert. Unser Ausflug auf die Erde ist eine Veränderung der feinstofflichen Frequenz in die der grobstofflichen. Das Licht geht als Mensch in die Unvollkommenheit der Erde ein, um nach vielen Erfahrungen sich selbst zu entdecken und vollendet in die Alleinheit zurückzukehren. Das wahre Glück ist körperlos, ewig und frei.

Was wäre also zum Ausklang passender, als sich folgende Fragen, die uns auf den Weg in die Vollkommenheit begleiten, anzusehen?

Worum geht es im Leben?
Wozu machen wir uns auf den Weg?

Die Schöpfungsidee Mensch ist vollkommen. Wir alle tragen das Potenzial der Vollkommenheit in uns. Wir sind vom Höchsten als Lebensmeister gedacht. Wir sind bereits vollkommen, aber noch nicht vollendet. Unser Bewusstsein ist vollkommen, und da die menschlichen Sinne dazu dienen, diese Vollkommenheit zu erfahren, können sie selbst nicht vollkommen sein. Sie sind nur das Werkzeug, das uns auf dem Weg zu uns selbst zur Verfügung steht. Wir aber glauben, dass alles, was wir über die Sinne wahrnehmen, real ist, da wir uns mit unserem Ego, dem Verstand und dem Körper identifizieren. Es ist ein langer Prozess, um den Schein zu durchschauen und zu erkennen, dass wir nicht dieser Körper sein können. Der Körper ist vergänglich, deshalb müssen wir mehr sein als diese vorübergehende Hülle.

Unser Schöpfungsauftrag ist es, dieses Potenzial der Vollkommenheit in Erscheinung zu rufen und unsere natürliche Vollkommenheit zu leben. Das heißt, uns und unser Leben wirklich zu meistern. Wir sollten uns an das Ebenbild Gottes zurückerinnern und als ein vollkommener Ausdruck des Seins in uns zurückfließen. Wir alle tragen das Bild der Vollendung in uns. Den Weg dahin nennen wir Evolution und das heißt: Ent-Wicklung. So wie im Samen der fertige Baum enthalten ist, so ist in unserem Bewusstsein das ebenbildliche Sein enthalten. Das ist die »geistige Geburt«, die wir bewusst oder unbewusst anstreben.

Wir haben diese Geburt ziemlich verzögert und die daraus entstandenen Probleme belasten uns. Es wird immer verstrickter, wenn wir das Spiel nicht endlich durchschauen. Mit jedem Einzelnen, der seine individuelle geistige Geburt vollendet, bekommt die kollektive Geburt der Vollendung Kraft. Unsere Aufgabe ist es, wesentlicher zu werden und uns auf unser wahres Wesen zu besinnen. Es geht darum, das Leben nicht mehr zu verschlafen, um endlich mit geistiger Klarheit nach dem Einen Ausschau zu halten. Genau das steht nun auf dem Programm des Menschen. Erinnern wir uns also wieder an die uns innewohnende Kraft, indem wir sie nicht nur nutzen, sondern *sind*.

Zu allen Zeiten gab es Menschen, die das Geheimnis um die Wahrheit kannten. Das Bewusstsein ist also nicht ein Teil des Menschen, sondern das, was den Menschen an sich ausmacht – es ist das, was wir *sind*. Wir sind zeitlose, ewige Wesen, die in eine zeitlich begrenzte, menschliche Erfahrung eingetreten sind. Bewusstsein ist das einzig wahre Ich. Das andere Ich ist etwas, als das wir uns zwar erleben, das wir aber nicht sind. Wir sind eine Verkörperung des All-Bewusstseins, ein individualisierter, aber ungetrennter Teil des Einen Seins. Das ist das einzig Wahre und Bleibende, wenn wir die zeitlich begrenzte Erfahrung als menschliches Wesen beendet haben. Es war vorher und nachher, es war immer und wird auch immer sein. Das, was sich ändert, sind die Erscheinungsformen, doch der Kern bleibt und ist DAS. Wie soll auch etwas anderes sein oder bleiben, wenn es nichts außer Bewusstsein gibt?

Wir alle sind freudvolle, machtvolle Wesen, die ihre Realität selbst erschaffen und jederzeit ändern oder neu erschaffen können. Wir sind Schöpfer! Unser Leben ist eine faszinierende Erfahrung, und da ist nichts außer reiner Freude – außer das »falsche Ich« unterliegt der Einbildung, es anders zu empfinden. Wenn alle Einbildungen weichen, kann Friede einkehren, und Friede ist nichts anderes als das, was wir sind. Mit dieser Erkenntnis bekommt das Leben einen ganz anderen Sinn. Vollkommenheit ist kein fernes Ziel mehr, es ist da! Wir können sofort in die Vollkommenheit des Jetzt eintreten, das heiligt unser Tun und die Präsenz des Seins wird zur Freude.

Erleben wir uns also als liebevolle Präsenz des Seins, als Botschafter der Vollkommenheit. Dieser Botschafter übernimmt die Aufgabe, diese Vollkommenheit ins Jetzt zu transportieren. Da ist kein Hindernis, auf das wir lauern oder achten müssten, nicht einmal eine Schwierigkeit oder ein klitzekleines Problem. Auch gibt es nichts zu wissen oder zu lernen – werden wir also still, halten wir inne und lassen wir es geschehen!

Von einem Augenblick zum anderen treten wir damit in ein ganz anderes Leben ein, denn eine Frequenzerhöhung, eine Rückerinnerung an das, was wir sind, bedeutet Wandel auf allen Ebenen. Wir können sogar einfach mal probeweise in diesen erfüllten Zustand eintreten und für ein paar Augenblicke den Zauber erleben. Doch wenn es einmal erlebt ist, wer will dann noch zurück? Sie bedauern vielleicht, dass Sie nicht schon früher zu dieser Erkenntnis gekommen sind. Doch alles geschieht zur rechten Zeit. Deshalb brauchen Sie auch nichts bedauern, denn wenn es jetzt geschieht, dann sind Sie jetzt bereit. Und da es immer nur *jetzt* ist und es ein Davor und Danach nie gegeben hat, ist es wieder nur die Illusion der Sinneswahrnehmungen, die uns etwas anderes denken, glauben oder fühlen lässt. Es ist daher nicht erstrebenswert, »zu Bewusstsein« zu kommen, weil es sowieso immer *jetzt* geschieht. Wenn wir also keinen zeitlichen Unterschied mehr machen, dann können wir es auch mit mehr

Leichtigkeit beobachten und wissen: Es geschieht dann, wenn es geschieht. Und wenn nicht? Dann eben nicht!

Das bewusste Erleben der Stille führt Sie unmittelbar in den Urgrund des Seins, zur inneren Quelle. Auch wenn ich es immer wieder »Weg« nenne, ist es doch kein Weg, da es *dorthin* keinen Weg gibt. Weil wir immer und ewig das Eine sind, kann es auch keinen Weg dahin geben, wir können uns gar nicht davon entfernt haben. Wir haben lediglich vergessen, was wir wirklich sind, nur das ist das Dilemma. Doch selbst dieses Dilemma ist ein Geschenk, denn nur darüber können wir uns wieder selbst entdecken.

Sobald wir die Stimme der Stille in uns vernehmen, sind wir »angekommen«. Wir kommen dort an, wovon wir uns nie entfernt haben. Diese Widersprüchlichkeiten mögen anfangs etwas verwirrend sein, doch muss es Widersprüche geben. Zum einen nehmen wir die Dinge aus einer persönlichen Ebene über den Verstand auf, zum anderen nehmen wir sie neutral über den Geist wahr. Natürlich wird die gleiche Aussage auf beiden Ebenen total unterschiedlich ankommen. Daher ermutige ich Sie immer wieder, sich die Frage zu stellen, als wer Sie die Dinge wahrnehmen. Ein neutraler Mensch wird auch eine Frage ganz anders beantworten als einer, der seine persönliche Sichtweise einbringt.

In die Gottesunmittelbarkeit Ihres wahren Wesens können Sie nicht eintreten, da Sie nie ausgetreten sind. Es ist die wahre Natur aller Wesen, das Eine unvergängliche und ewige Bewusstsein zu sein.

Die natürliche Vollkommenheit des Seins im Überblick

Die Schöpfungsidee Mensch ist vollkommen. Wir sind wirklich nach dem »Ebenbild Gottes« geschaffen und tragen das Potenzial der Vollkommenheit in uns. Wie sind wir vom Ursprung her gedacht? Als ein vollkommener Ausdruck der Vollkommenheit des Seins.

Indem Sie Ihre Aufmerksamkeit auf Ihre natürliche Vollkommenheit richten, treten Sie damit in Resonanz, und das Ihnen Entsprechende tritt in Erscheinung. Wenn Sie als dieses vollkommene Sein atmen, denken, fühlen, reden und handeln, werden damit im Außen Veränderungen einhergehen. Bevor Sie Ihre natürliche Vollkommenheit ganz in Besitz nehmen, ist eines wichtig: Lassen Sie alles los, was Ihre Vollkommenheit be- oder gar verhindert. Lassen Sie sich ganz auf das ein, was Sie gerade tun, und tun Sie es so vollkommen, wie es Ihnen möglich ist. Sie können jederzeit in die Vollkommenheit des Tuns eintreten. Dabei erkennen Sie, dass es keine geringen Tätigkeiten gibt. Alles, was getan wird, ist wertvoll und hat somit die Berechtigung, Ihre gesamte Aufmerksamkeit zu genießen. Es ist eine Art Hingabe, den Wert in den Dingen zu erkennen und sie als das, was sie sind, zu betrachten und nicht weiterhin fälschlicherweise für das, was sie gar nicht sind, zu halten. Beim mehrmaligen Hinsehen und Hinspüren jenseits der körperlichen Sinne werden Sie es entdecken.

Dieses Buch, der »mentale Lebenskompass«, soll Ihnen weg- und richtungsweise zur Seite stehen. Denken Sie immer daran, dass jede Lebensstation wertvoll ist, auch wenn es im ersten Moment nicht so aussehen mag. Im Prinzip ist es weniger wichtig, welchen Schritt Sie tun, sondern es zählt, dass Sie in Bewegung bleiben. Ein Stehenbleiben oder gar ein Aufgeben kann sich zwar vorübergehend einstellen, doch sollten Sie auch in diesen Momenten erkennen, dass der Weg das Ziel ist und Sie jederzeit etwas tun können. Ganz egal, wie oft Sie hinfallen, erheben Sie sich und durchsegeln Sie die bewegten Fluten des Lebens erhobenen Hauptes. Sie sind der Steuermann, und das Steuerrad einfach loszulassen oder jemand anderem zu übergeben, das ist nicht die Lösung. Sie selbst sollten an vorderster Front stehen und dem Leben ins Gesicht blicken. Wenn Sie dann noch damit beginnen, auf Ihr Potenzial zurückzugreifen, dann wird sich die stürmische See wieder beruhigen. Stürme wird es immer wieder geben, doch sie sind letztlich nur dazu da, uns zu stärken und uns auf unsere wahre Kraft hinzuweisen. Die Stürme sind es, die uns dazu antreiben, nach uns selbst Ausschau zu halten. Nur die unruhigen und dunklen Tage bewegen uns dazu, bei uns selbst einzukehren. Man erkennt so den Wert der Dinge, denn in allem ist dasselbe verborgen.

Nutzen Sie Ihr schöpferisches Potenzial und vertrauen Sie darauf, dass Sie alles verändern und bewegen können, wenn Sie es nur wollen. Ein Stückchen Mut, eine riesige Portion Geduld, etwas Gelassenheit, ein wenig Neugier und ein unendliches Gottvertrauen mögen Sie begleiten: auf dem Weg zurück zu sich selbst.

Im Buchhandel und Internet finden Sie stets brand-aktuelle Themen, sowie zeitlose Wissensschätze von *Kurt Tepperwein!*

Folgende Bücher und E-Books können Sie direkt über den BoD-Verlag (www.bod.de/www.bod.ch) detailliert einsehen, bevor Sie sich für Ihr Wunschthema entscheiden:

- Ab heute bin ich frei!
- Bäume ausreißen! – Trainingsheft für mehr Motivation
- Berufskrise ade! – Frei sein von Arbeitssucht, Stress, Burn-out, Mobbing, Innerer Kündigung und Arbeitslosigkeit Bewusstseinssprung in eine neue Dimension
- Blinddate mit Magen und Darm
- Bring Farbe in dein Leben mit Dankbarkeit
- Bring Farbe in dein Leben mit einem einfachen Lächeln
- Bring Farbe in dein Leben mit Heiterkeit
- Bring Farbe in dein Leben mit Herzensfülle
- Bring Farbe in dein Leben mit Hingabe pur
- Bring Farbe in dein Leben mit Liebesweisheit
- Bring Farbe in dein Leben mit Seelenkraft
- Bring Farbe in dein Leben mit Stille in dir
- Bring Farbe in dein Leben mit Wertschätzung
- Bring Farbe in dein Leben mit Zeitlosigkeit
- Das Buch der Erfolgsgesetze
- Die hohe Schule des Lebens
- Die Kunst mühelosen Lernens
- Die Praxis der geistigen Gesetze
- Die Renaissance der Frauenpower – 7 Schritte zur Liebesfähigkeit
- Du bist wie du bist!
- Ein Leben ohne Ängste und Sorgen? – Trainingsheft für mehr Lebensqualität
- Einfach nur schön
- Endlich wieder FIT! – Trainingsheft zur Gesunderhaltung
- Erwachen zum wahren Sein
- Folge deinem Leitstern
- Frau sein – ganz sein, Mentaltraining für eine neue Weiblichkeit
- Geistheilung durch sich selbst
- Gelassenheit
- Gelebte Achtsamkeit

- Gestalte dein Leben einfach neu! – Energetischer Impulsgeber zum Thema Alltagsführung
- Gesund für immer
- Glaube an Dich!
- Glücks-Gesetze
- GoldenWay Edition: Das Leben als Einweihungsweg
- GoldenWay Edition: Ihr Zauberstab Gedankenkraft
- Hilf dir selbst. Sei du selbst. Gesunde!
- Kausal-Training
- Leben im Überfluss, Die Zukunft selbst bestimmen
- Leben in der Gegenwart der Engel
- Liebst du mich auch? Energetischer Impulsgeber zum Thema Partnerschaft
- Nie mehr ärgern, bewusster leben
- Nie oder Jetzt! Aufbruch zur wahren Identität
- Out-Burn, Burn-out umkehren. Der Ausweg aus der Erschöpfungsfalle.
- Perlen der Weisheit
- Probleme adieu! Trainingsheft zur Konfliktbesänftigung
- Schreib Dein Leben um
- Selbstbewusst durchs Leben! – Energetischer Impulsgeber zum Selbstwert und Sicherheit
- Selbstheilungskräfte aktivieren
- Sinnfindung leicht gemacht! – Energetischer Impulsgeber zum Thema Bewusstwerdung
- Tepperwein Magazin der neuen Generation
- Tepperwein Magazin der neuen Generation 2
- Tepperwein Magazin: Wünsche & Träume mit Mental-Training verwirklichen
- Verwirklichung
- Wahre Freundschaft: Tierisch echt!
- Was wünscht du dir vom Leben?
- WEIH-NACHTEN
- Willkommen in der Leichtigkeit
- Willst du erfolgreich sein? – Leitfaden zu Reichtum und Erfolg
- Wunder vollbringen durch schöpferische Imagination
- Zeit halt, stehengeblieben! – Trainingsheft für ein gutes Zeitmanagement